文字烛照未来
TopBook

周易正解

曹胜高 著

陕西新华出版传媒集团
陕西人民出版社

图书在版编目（CIP）数据

周易正解 / 曹胜高著. —西安：陕西人民出版社，2022. 11

ISBN 978-7-224-14750-6

Ⅰ. ①周… Ⅱ. ①曹… Ⅲ. ①《周易》—研究 Ⅳ. ①B221. 5

中国版本图书馆 CIP 数据核字(2022)第 212868 号

出 品 人：赵小峰
总 策 划：关 宁
出版统筹：韩 琳
策划编辑：王 倩
责任编辑：晏 藜
装帧设计：哲 峰

周易正解

ZHOUYI ZHENGJIE

作　　者　曹胜高
出版发行　陕西新华出版传媒集团　陕西人民出版社
　　　　　（西安市北大街 147 号　邮编：710003）
印　　刷　陕西隆昌印刷有限公司
开　　本　889mm×1194mm　1/32
印　　张　10. 25 印张
字　　数　205 千字
版　　次　2022 年 11 月第 1 版
印　　次　2022 年 11 月第 1 次印刷
书　　号　ISBN 978-7-224-14750-6
定　　价　49. 80 元

如有印装质量问题，请与本社联系调换。电话：029-87205094

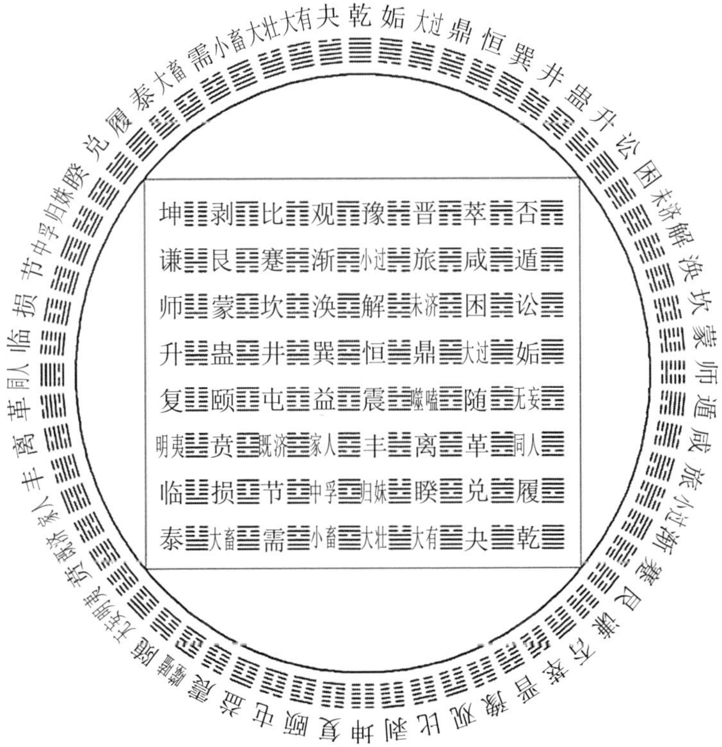
坤 剥 比 观 豫 晋 萃 否
谦 艮 蹇 渐 小过 旅 咸 遁
师 蒙 坎 涣 解 未济 困 讼
升 蛊 井 巽 恒 鼎 大过 姤
复 颐 屯 益 震 噬嗑 随 无妄
明夷 贲 既济 家人 丰 离 革 同人
临 损 节 中孚 归妹 睽 兑 履
泰 大畜 需 小畜 大壮 大有 夬 乾

六十四卦方圆图

目 录

绪　论

一、《周易》的形成

《周易》是早期中国形成的占卜之书，在夏、商、周三代逐渐成形。《周礼·春官宗伯》载，太卜"掌《三易》之法，一曰《连山》，二曰《归藏》，三曰《周易》。其经卦皆八，其别皆六十有四"。汉儒认为《连山》是夏代之书，《归藏》是商代之书，《周易》为周代之书。从考古资料来看，夏代尚没有太多的资料直接证明其采用占卜，但商代已经形成了占卜习俗，主要采用龟占、骨占。目前流传下来的《连山》《归藏》则采用筮占，从占卜发展的角度来看，二书最有可能是周代形成的与《周易》相似或相近的筮占系统。

《周礼·春官宗伯》又载，筮人“掌《三易》，以辨九筮之名”。这表明《三易》为专门的占卜之学，用来解释自然与社会的运行规律。桓谭在《新论·正经》中说：“《连山》八万言，《归藏》四千三百言。《连山》藏于兰台，《归藏》藏于太卜。”东汉时期尚存有《连山》和《归藏》，但后来失传了。在目前辑佚出的《连山》《归藏》中，有些内容涉及周宣王的事情，这也说明二书并非夏、商的占卜之书，而是后世累加而成的文本。梁元帝萧绎、刘炫都曾伪造过《连山》，试图恢复二书。从这个角度来看，桓谭所见的《连山》《归藏》，并不必然是先秦古书，其字数达八万言，其中必有后世累加的内容。

占卜作为早期中国观察自然运行与社会秩序的方式，在夏、商、周三代绵延不断地发展，日积月累地完善，千锤百炼地凝练，最终形成了《周易》的文本。考古发现西周初年还存在大量的龟占、骨占，可以看作是商代占卜之法的遗留。因此，现在流传下来的《周易》，实际是在《连山》《归藏》的基础上发展并完善起来，后出转精，成为定本。

司马迁说“文王拘而演《周易》”，形成了六十四卦。六十四卦形成之后，筮占广泛流行。我们现在来阅读《周易》，要采用客观理性的态度。六十四卦主要借助阴阳变动的规律来理解天地秩序的运行，形成了认知自然的基本模式，并以此作为判断社会变化的法则。其中蕴含着中华文化基本的认知模式、思维定式、理解方式和表达习惯，可以作为我们理解并观察古代中国生活经验的参照。因此，《周易》被视为“群经之首”，成为后世学者建构自然科学、社会科学、人文艺术等规则的学理依据，在中国学术史上有着举足轻重的地位。

如今，我们阅读《周易》，可以从三个维度展开：

一是从自然科学的角度来思考，观察其如何借助阴阳变化形成数理系统，建构起解释宇宙运行的学理系统。如阴阳爻位变动蕴含的乘承比应关系，六十四卦、三百八十四爻内在的排列规则等。

二是从社会科学的角度来观察，理解其如何将人类社会的诸多行为方式转化为简练的模型。通过变量分析，理解其发展趋势，借助特定的卦义来理解社会生活的规律，为我们的生活提供经验。如蒙卦关注教育，家人卦关注家庭，同人卦关注合作等。

三是从人文科学的角度来理解，思考其如何将古代中国的核心思想理念、传统美德和人文精神贯穿进去，从而成为道德养成的参考、心性修为的指导。如乾卦所强调的自强不息、坤卦所体现的厚德载物等，都体现着中华民族最珍重的人文精神。蒙卦所强调的果行育德、家人卦所强调的言有物而行有恒等，也蕴含着中华文化的传统美德。讼卦所强调的做事谋始、同人卦所强调的类族辨物等，更体现着中华民族深厚的人文精神。

无论在自然中还是在社会中，人皆有趋吉避凶的本能，

《周易》通过总结人类生产生活经验来概括社会发展的规律，并为个人立身处世提供经验的参照，既成为早期中国生活经验的总结，也成为理性思维模式的概括。可以说，《周易》的编成，标志着中华文化摆脱了早期凭借感应判断吉凶的巫占之法，而采用人文理性和数理推论的方式来探究吉凶祸福内在的规律，形成了古代中国认识世界、理解世界和解释世界的成体系的经典文本。在孔子及其弟子的解读中，越来越注重人的修养德行、行为方式在立身处世中的决定性作用，使得《周易》从占卜之书逐渐转化为义理之书，成为道德修养的文本。孔子曾言："加我数年，五十以学《易》，可以无大过矣。"便是说，通过阅读《周易》，能够修养心性，涵养德行，理解自然与社会的变化规律，自觉、理性地按照社会发展的方向去做人做事，便可以逢凶化吉，成就一番事业。

二、《周易》的性质

《周易》最初被称为《易》，后来改称为《周易》。东汉郑玄认为"易"有三个含义：

一是简易。《周易》把天下万物的运行规律概括为八卦，八卦组合后形成六十四卦，每一卦有六爻，最后形成了三百八十四爻。《周易》试图用这种模式把宇宙万物的变化规律概括起来，以简驭繁，用来表示各种可能性。

二是不易。这种模式的建立，概括了天地万物运行的可能性，从而使得《周易》中所言的变动具有原理、定理的性质。如阴阳互动、八卦对应、六十四卦衍生，三百八十四爻中蕴含的辩证思考，概括了自然变动的基本态势。

三是变易。《周易》体现了持续衍生、变化的理念，可以应对自然、社会的千变万化。六十四卦的各爻都从事物的开端说起，由盛到衰，处处体现出变异、变化、变动的规律。六十四卦之间也存在阴阳变动的内在秩序，可以与五行、时序、地理、星象等相配合，形成了生生不息的演绎系统，可以理解自然中无穷无尽的数量关系。

《周易》六十四卦是怎么形成的呢？班固认为，最初是伏羲画八卦，用阴爻和阳爻的变化形成了八卦。文王被纣王囚禁在羑里城的时候，把八卦叠加起来变成六十四卦，并做卦辞、爻辞。这是传统的说法，但却不尽合乎历史事实。占卜应该是先民长期生产生活实践的总结，经商周史官、卜官日复一日地积累，最终形成了六十四卦，其间伏羲、文王做了集大成的贡献，却并非个人的独创或发明。

现在流传的《周易》一书，是由六十四卦与十篇文章合并而成。这十篇文章合称为“十翼”，对《周易》的哲理、卦象进行了阐释。其中，《彖传》解释六十四卦，在流传中被列在六十四卦的卦辞之后，以“彖曰”的方式出现。六十四卦分上、下两经，《彖传》也随之分为上、下两传。《大象》是解释六十四卦的卦象，《小象》是解释每卦的爻象，在今本《周易》中也分别被系于卦辞、爻辞之后，以“象曰”的方式出现。《文言》

对乾卦、坤卦进行解释，今本《周易》中也分别列在两卦之后。其余的《系辞上》《系辞下》《序卦》《说卦》《杂卦》诸篇，则放在六十四卦之后。

六十四卦合称“经”，“十翼”合称“传”。现在看到的《周易》是经传合一。司马迁说“十翼”是孔子做的。孔子晚年确实喜欢《周易》，读《易》读到韦编三绝。但自欧阳修怀疑此说之后，学者对其为孔子所作则多持谨慎态度。

目前大致可以认定，《周易》中的六十四卦，在西周时期已经编成；作为“传”的“十翼”，从文字、思想和文体来看，应当在春秋之后才形成，由孔子后学整理而成。

三、《周易》的体系

六十四卦全部是由阴爻和阳爻组成的。阳爻是一条连续的横线(—)，阴爻是一条断开的横线(--)。按照传统的解释，宇宙是由阴阳之气鼓动而成，阴气下沉为地，阳气上升为天，阴阳相合而成万物，阴阳平和而为人。阳爻被称为“九”，阴爻被称为“六”。每个卦都是由六个爻组成的，从下面往上读，最下面的如果是阳爻的话就读之为初九，第二爻如果是阴爻的话就读之为六二，再往上面仍是阴爻的话就读之为六三、六四，如果是阳爻则读之为九三、九四。如此类推。

六十四卦是由八个本卦组合而成的，这八卦分别是由三个爻叠加而成的。根据三爻之间的组合形成了一首卦歌：

乾三连☰，坤六断☷。震仰盂☳，艮覆碗☶。

离中虚☲，坎中满☵。兑上缺☱，巽下断☴。

这八卦分别代表了八种事物，即乾为天、坤为地、震为雷、离为火、兑为泽、坎为水、艮为山、巽为风。这八种事物，不仅代表了万物的组成，还代表了宇宙的性质和运行规律。例如乾卦是由三个阳爻组成的，是阳刚、积极、不息的代表；而坤卦是由三个阴爻组成的，是阴柔、守雌、厚德的代表。由此衍生出很多与之相关的解释，在《说卦》中进行了解说。

这八个本卦相互叠加，就形成了六十四卦。在这种叠加中，既用表面形象感来说明卦义，如上山下泽为损卦，上风下雷为益卦，大泽损山，风雷激荡相益。其中蕴含着哲学思考，如上天下地为否卦，上地下天为泰卦。本来天上地下，为何反之为泰，正之为否呢？其中体现着物极必反的运行规律。因此，六十四卦之间的排列顺序，也体现了一定的变化规律。

目前通行的《周易》卦序，与长沙马王堆三号墓出土的帛书《周易》、京房八宫卦序不太一样，这说明了在《周易》流传过程中，不同时期或者不同的学者对卦之间的演变规律有不同的认识。现在有许多研究者提出的解释方案，都是对其原理的推测。这是因为卦序的排列不仅反映一个时代的人对于万物运行规律的认识，也与当时的数理认知、宇宙观念和思维逻辑密切相关。

每卦六爻。先有卦名，如六个阳爻组成的卦，卦名为“乾”，这六个阳爻是卦象。对乾卦进行解释的是卦辞：“元，亨，利，贞。”概括了乾卦的基本含义。乾卦本身代表了一种积极进取的趋势，《彖传》解释说：“大哉乾元！万物资始，乃统天。云行雨施，品物流形。大明终始，六位时成。时乘六龙以御天。乾道变化，各正性命。保合大和，乃利贞。首出庶物，万国咸宁。”乾卦为通天之卦，代表着天道运行的持续、正道的顽强。《大象》言：“天行健，君子以自强不息。”乾卦的卦象，体现着积极的进取精神。

对每爻进行解释的辞叫爻辞，爻辞多用象征性的语言来描述。一是象征性是原始思维的遗存，二是这样描述可以有开放性的解释。不同时代的学者，甚至同一时代的学者，对《周易》的解释常有不同，既在于对爻辞的理解不同，更在于对爻象认知的差异。

如初九，为乾卦的最下一爻，爻辞为“潜龙勿用”；九二爻辞是“见龙在田，利见大人”。前半句是象辞，用象来象征所处的状态。后半句是占辞，根据爻位和爻象，得出“勿用”和“利见大人”的结论。九三爻辞是“君子终日乾乾，夕惕若，厉无咎”，是说努力谨慎认真做事是无咎的。九四爻辞为“或跃在渊，无咎”，用有时候跳出深渊，来形容没有灾祸。九五爻辞是“飞龙在天，利见大人”，同样是“利见大人”，九二、九五爻却因象辞不同，呈现出不同的状态。前者是站在田野来看大人，带有仰视的意味；后者是龙翔九天，带有平等，甚至是俯视或驱使的意味。龙飞到最高，到九六爻则是“亢龙有悔”，过分追求高高在上，便会滋生祸患。故而“用九”言：“见群龙无首，吉”。既意味着天下大乱，没有首领，这对于飞龙在天者来说是“吉”；也意味着这种群龙无首的局面，大乱之后才能大治，也是“吉”。至于读者到底采用哪种意见，要根据具体的历史环境、个人能力和心性修为进行取舍，采取最为恰当的行为。

由此来看，《周易》对吉凶祸福的推算和判断，并不是一成不变的，而是为我们提供了若干可能性，让我们根据自身的条件进行选择。其中对发展的趋势做了大致推断，告诉我们在特定的条件下，如何采用得当的行为、得体的修养和得法的取舍，才能趋吉避凶、逢凶化吉，稳妥而恰当地面对各种境况。

四、《周易》的逻辑

《庄子·天下》中言：“易以道阴阳。”认为《周易》以阴阳之道来解释自然法则。《周易·系辞下》也说：“乾，阳物也；坤，阴物也。阴阳合德而刚柔有体，以体天地之撰，以通神明之德。”《周易》通过阴阳消息的规律，来理解天地万物的运行之道。在六十四卦中，阴阳合爻，阳爻代表刚健的力量，阴爻代表柔顺的力量，二者相辅相成，形成了有规律可循的变动秩序。阴阳爻并无孰重孰轻之分，其关键在于孰得孰失。阳爻失位，力量不及阴爻；阴爻在位，便可以发挥主动作用。辨析阳爻阴爻时，一般把握三个原则：

一是阴阳平衡。解释阴爻和阳爻要在位，就是阴爻在阴位，阳爻在阳位，凡初、三、五为阳爻当位，二、四、上为阴爻当位，就是“正”。若以阳爻居阴位，以阴爻居阳位，则谓之失位，就是“不正”。得中正之道则吉，行不正之道则凶。

二是阴阳相生。《周易》判断爻位时，阴爻阳爻相生才吉。在一卦六爻中，相连之爻谓之“比”，阴阳相合谓之“应”。“比”有承、乘的区别。二爻往下与初爻相比谓之“乘”，二爻往上与三爻相比谓之“承”。“比”以阳上、阴下为宜，“应”以阴上、阳下为宜。

三是刚柔相推。《周易·说卦》言：“立天之道曰阴与阳，立地之道曰柔与刚，立人之道曰仁与义。兼三才而两之，故《易》六画而成卦。分阴分阳，迭用柔刚，故《易》六位而成章。”阴阳表现在力量上，为刚和柔。《周易·系辞下》说：“刚柔相推，变在其中矣。”道家讲柔弱，人往低处走；儒家尚刚健，人往高处走。道家讲柔弱，是后发制人，有的时候退守就是进攻，防守才能反击。有时候做事过急、说话过满、思想过于偏执，反倒会前功尽弃，祸患无穷。因此在自然中，柔弱不是一味地妥协与退却，而是反对过于作为，主张要顺应自然、顺应社会，不要逞能逞强。做事要刚柔并济，张弛有道，才能合乎刚柔之道。

司马迁在《史记·太史公自序》中说：“《易》长于变。”《周易》描述的是生生不息的道理，主要是变化之理。任何事情都在变化之中。太极生两仪，两仪生四象，四象生八卦，是变化。乾坤易位、否泰对转、既济未济的循环，也是变化。《周易·系辞上》言万事万物从不停息：“日新之谓盛德，生生之谓易。”任何一秒既是过去的结束，又是未来的开始。《周易》最微妙之处，就是时时刻刻以变动、变化的眼光来观察自然、社会和自身。求变卦，高明之处就在于求变卦之后要能随时、随地、随人解释变卦。卦辞相同，卦义各异；卦义相同，卦德各异。学易、用易、辨易的高下，取决于对“变”的理解。意识不到这一点，一生研读《周易》，也不能明白其中的关键。因此，学易，首先要改变自己，让自己与时俱进、与事俱新，能够理解不断变动的世界，能够让自己的心性修为不断提升、格局不断扩大，才能够体认到易的精髓所在，把握住自然、社会最深刻的变动规律，方才能理解易道、易德、易理、易义的哲学蕴涵和思想精要。

《周易》推天地而明人事，六爻两两并列，体现出三个层次，初、二爻象征地，三、四爻象征人，五、上爻象征天；一卦之中有天、地、人三才，体现了天道、地道、人道。

天道、地道、人道，不是简单的自然天地，而是体现着天、地的属性。地有高下、有险易、有远近，这是自然之地。在易卦中，地还有基础、根底、负载之义，这是其象征义。地是复生万物的，表现的是隐藏、静穆和萌芽。因此，初、二两爻的总体倾向是凶多吉少，推崇守拙、静默、沉稳、涵育。三、四爻表现人道，体现的是人类社会的基本走向和主要法则，要充分利用天地之道来适应自然条件，寻求平衡中和的发展之道。个人行为如果符合人道，一般吉多凶少，反之则凶多吉少。五、上两爻体现的是天道，天也不是自然之天，而是义理之天，天道主要表现为时机、机遇、机会、条件，既是决定人道如何取舍的外部条件，也是决定事物发展走向的主要依据。如果把天看成客观的条件，把地看成事业的基础，行事合乎人伦之道、社会秩序，就能够趋吉避凶。

《说卦》是用推类取象的原则来推演八卦所代表的形态：乾为天，坤为地，震为雷，巽为风，离为火，兑为泽，坎为水，艮为山。这八个易象不仅是物象，也是意象，还是心象。其中，雷以动之，雷是一种震动力量，可以充盈天地；风以散之，风是一种开合的力量，可以驱逐万物；雨以润之，雨可以滋养天下；日以烜之，离火主文章、文采；艮以止之，山高起而隆长，静止不动。八卦分别象征自然中八种基本的属性，八个卦象是对其属性的具象化。

学习《周易》的第一难关就在于取象。取象是《周易》阐述宇宙运行之道的主要方式，就是根据八卦之义，能生生不息地延展出去形成无数物象，以理解现实生活中自然秩序、社会秩序的变动规律；同时也要能够把自然、社会中的各种物象归纳到这八个易象之中，对象与象之间的关系进行判断，以此趋吉避凶。在《周易》六十四卦中，乾坤言天道、地道，其余六十二卦讲的都是人道，概括了人类社会的基本发展规律和主要运行方式。以《家人》卦为代表，其主要讲家庭伦理。从卦象而言，内卦为中女，外卦为长女，上下皆为阴卦。二女皆得正位，故卦辞说“利女贞”。就爻象而言，六二、六四居女正于内；上九、九五、九三居男正于外。内卦六二当位居正，外卦九三当位居正，表示女正于内、男正于外。《彖传》解释说：“家人，女正位乎内，男正位乎外。男女正，天地之大义也。”“正位”便是以爻象代表生活秩序，言一个家庭中夫妻分工明确，男主外、女主内，夫妇相互尊重，各安其事，体现了阳以威严主外、阴以柔顺主内的自然运行之道，也合乎古代中国家庭关系中的男女分工。

因此，我们阅读《周易》，首先要把握六十四卦的德义，理解在特定的条件、环境和事务中，要采用最为恰当的行为方式，借助《周易》文本养成自己的道德修养，既能够自强不息，又能够厚德载物。我们可以先学习六十四卦中所提倡的传统美德和人文精神，理解在不同的处境下应该如何做人做事，然后借助其揭示的变动规律，采用恰当的行为方式，作为我们立身处世的参照。

五、《周易》的价值

从哲学上来说，《周易》所体现的变易思想、不易法则、简易意识，代表了商周时期哲学的基本认识：看到了万物在变化中发展，而发展变化是由基本法则决定的，这些基本法则又是可以概括的。六十四卦既是这种思想的产物，也是这种思想的体现。

“十翼”的出现，标志着《周易》从占卜之书向义理之书的演进。“十翼”阐释的是《周易》中所蕴含的阴阳之形、变化之法、思维之道，通过表层的占卜，把深层的规律总结出来，形成带有阴阳观念、具有辩证意味的哲学总结。从此，易学不再作为占卜之学，而是成为哲学体系，发挥着越来越大的学术影响。魏晋时期的王弼，进一步阐明了《周易》中的义理；宋儒周敦颐根据《周易》的图式，初步建立起理学体系，邵雍将之发扬光大。因此，要想读懂中国古代哲学，不应该忽略对《周易》义理的探讨。

从思维上来说，六十四卦在排列上是非常有规律的，不同的爻按照事物发展的趋势进行排列，由兴到衰，再由衰到兴，体现出一种螺旋上升的趋势。不只是六爻的排列，六十四卦的整体排列也蕴含着事物的变化规律。如“否极泰来”，就意味着物极必反。否卦是天在上，地在下，这是正常的秩序，乾为阳，坤为阴，这是最永恒的一个格局。在《周易》里称之为否卦，天为阳、地为阴、阳升阴降、天地分离、阴阳离散，故为否卦。而地在上，天在下，阴阳相合而交泰。否卦不好，是现状；泰卦好，是趋势。这样的变化、辩证意识贯穿其中，后世称之为否极泰来。六十四卦分为八组，也可两两相对，体现了排列的严谨。通行本的六十四卦，以乾、坤居首，预示着天和地的大格局。最终为既济、未济，既济是事物完成了，未济是事物未完成。既济是渡过河的意思，未济是没有渡过河。《周易》六十四卦以未济卦结束，表明六十四卦仍然有延展的可能性。

从术数上来说，《周易》中的阴阳之说、变化之道、辩证思想，不仅成为术数学说的基础，而且也为天文学、中医、建筑学等理论体系的建构提供了学理的支撑。《周易》阴爻与阳爻的排列组合关系，与数学的二进制算法很类似。

从文化上来说，《周易》里还存有大量的历史、文化材料，如王国维结合《周易》爻辞和甲骨卜辞，考证出殷先公先王。其中亦有很多民俗，如《贲》六四爻辞："贲如皤如，白马翰如。匪寇，婚媾"，反映的可能是上古时期部落间的抢婚习俗。此外，还有丧葬、劳动、节令等习俗，都值得我们去研究探讨。

六、《周易》的研读

《周易》在发展过程中，形成了两派六宗。

两派分别是象数派和义理派，前者是讲《周易》中蕴含的象和数，如施雠、孟喜、梁丘贺、京房、李鼎祚、邵雍、方以智父子等通过研究卦变、互体、纳甲、飞伏、爻辰、卦气等，对六十四卦内在的数理法则进行分析。后者是讨论《周易》的义理，除"十翼"之外，还有费直、王弼、孔颖达、张载、程颐、朱熹、王夫之等的辨析。

六宗是研究《周易》的六种倾向：一是将之视为占卜之书，

如马融、郑玄、荀爽、虞翻等。二是用来推演祥瑞灾异，如焦延寿《易林》、京房《易传》等。三是用之来演说复杂哲理，如河图洛书派的陈抟、邵雍等，把周易系统进行数理化。四是玄理派，将《周易》和儒、玄结合起来进行讨论，如王弼的《周易略例》，韩康伯的《周易注》。五是诠释《周易》中的儒家思想，如胡瑗的《周易口义》、程颐《伊川易传》。六是分析《周易》中的史实，如杨万里的《诚斋易传》等。

我们现在应该怎么读《周易》呢？

一要明哲理。读六十四卦要思考其中的变易之道，《周易》正是通过阴阳变化之法，来探讨天地万物运行的基本法则。我们读《周易》时要思考古人是如何探求万物运行、明白变通之理的。可以从阅读“十翼”入手，也可以阅读笔者所著的《周易入门》。

二是通卦辞。《周易》的义理明白之后，就可以读每个卦。理解各卦的卦象是什么，根据卦辞来思考八卦、六十四卦之间的排列，通晓整个卦体。把卦象、卦辞之间的关系想明白，就能提纲挈领地明白整个体系的内部建构。这可以通过阅读每卦的卦辞来不断加强理解。

三是审爻变。在掌握卦辞的基础上，对每一卦之间的爻辞进行分析，思考各爻之间的变化规律，明白三百八十四爻指向的可能性，理解爻象并能对其属性进行判断，就能够更为清晰地理解《周易》吉凶变化的道理。无论象数研究还是义理研究，都能够深入地进行。

四是要定德义。如果要想在此基础上进行深入研究，形成自己的见解，就要结合筮法语言、哲理语言进行清晰表述，把卦德、卦义等深层含义表述出来。学习《周易》，思想要纯正，不要流于江湖术士的故弄玄虚，要抱着科学的态度、学术的视角去做学理上的思考。

因此，读《周易》有三个维度：一是思考其中描述的天地运行的大道理、大趋势，思考社会变动的规律，学习其中经天纬地的法则，就可以进退有据，以步为法。二是借助《周易》修身养性，提高道德修为，养成健全的人格，掌握做事的策略与方法，就可以做到取舍得当，不占而已。三是以《周易》辅助决策，在无助时寻求参考，无事不占这是最下的层面。

对大多数读者来说，掌握《周易》中所蕴含的核心理念、传统美德和人文精神，从根本上改变自己的心性修为，形成理性的思维习惯，养成良好的行为方式，理解社会变动的内在规律，就能够从容面对生活中不期而遇的种种意外，这才是学到了《周易》真正的精髓。

七、本书的读法

《周易》编成，原本出于早期中国占卜案例的总结。但至西周时，其被作为三代经验的总结，在于其中寄寓了生产生活的智慧。《说卦》说："昔者圣人之作《易》也……和顺于道德而理于义，穷理尽性以至于命。"作《周易》时的用意，不仅在于思考天地如何运行，而且在思考人类如何建立道德共识、形成公共秩序，使得所有生活在其中的人，能够合乎自然秩序，适应社会运行，建构起一个良好的社会形态。

可以说，占卜是神文时代的产物；德义是人文时代的发展。西周是从神文向人文转化的时期，其中最为关键的成就，便是将夏、商对外部异己力量的膜拜，转化为对人自身道德行为前所未有的重视。《尚书》中反复告诫的“皇天无亲，惟德是辅”，《诗经》中反复称颂的“文王之德”，《左传》中宣称的“选建明德”，都不约而同地体现了周初对道德行为的重视，将之作为功败垂成的依据，作为家族兴衰的根本，作为个人建功立业的基础。

在这样的历史语境中形成的《周易》，已经彻底摒弃了对天命、外力以及鬼神的依赖，更加强调个人道德、修为、行为及所采用的策略、方法的重要性。因此，《周易》的卦爻辞在既往占卜案例的基础上，寄寓着整理者对世道人心的忧虑。《系辞下》便言：“《易》之兴也，其于中古乎？作《易》者，其有忧患乎？”正是看到了其中寄托着深沉的忧患意识，那就是借助《周易》，来探索人类社会运行的法则，思考个人在社会运行中的道德原则和行为方式。

从这个角度来看，《周易》立足商周时期遇事必占的传统，将道德认同和行为方式蕴含其中，借助天道、地道的规律，引导百姓尊重社会共识、养成道德人格、选择恰当行为。《系辞上》言：“圣人以通天下之志，以定天下之业，以断天下之疑。”借助卜问传统来教化百姓、指导百姓，以形成普遍的社会共识。

孔子及其后学对《周易》的演绎，便是充分阐发了六十四卦中蕴含的德义。其通过“十翼”进行了系统说解，使得《周易》成为义理之书、修养之书。在孔子看来，如果能按照《周易》所提供的道德原则和行为方式来做事，就能够以更好的心性修为来趋吉避凶。他在面对《恒》卦“不恒其德，或承之羞”的爻辞时，直接说：“不占而已矣。”认为没有恒心者，就没必要去占卜。言外之意便是，没有良好的道德含义，占卜之吉也起不了作用。有了良好的道德修养，便不用事事占卜。

那么，孔子为何还如此重视《周易》呢？就在于他充分理解了六十四卦中寄寓的德义。在《彖传》《大象》《小象》中，孔子及其后学侧重从道德修养的角度阐释了每一卦的道德含义、每一爻的行为准则。这些阐释不是简单提供了吉凶判断，而是深人讲述了在此情此景、此等际遇下应该如何修身养性，然后才谈得上何去何从。

因此，《周易》的文本中既充满了生产、生活和生命的睿智，也充满着积极、刚健和负责的精神，引导读者明白在特定事项、特定环境、特定条件下应该如何克服困难、如何改变自己、如何将窘境调整为有利局面、如何将不确定性转化为事业的助力。《周易》作为经典中的经典，其通过人人皆有的趋吉避凶之心、逢凶化吉之念、遇难成祥之盼，引导我们涵养道德、升华精神、规范行为，方能走出低谷，才能守住成就，有持续而恒远的人生和事业。

本书立足卦义、卦理，结合卦、爻的象义和辞义的基本学理，着力探求六十四卦的德义，重点阐释其中蕴含的心性修为之道、道德养成之法、事务判断之理和行为方式之则。结合笔者读易、用易、解易的心得，引导读者读懂每一卦的逻辑结构、变化规律和施用语境，理解每一爻对应的人生阶段、工作状态及其行为方式，给大家提供一个心性修为的参照和行为的参考。

因此，本书可以通读，来明晓《周易》逻辑体系的建构，是将人生所要面对的诸多问题构建为六十四个基本模型，分别对应不同的事务、状态或者场景。如《蒙》言教育、《讼》言争执、《同人》言合作、《革》言调整、《家人》言家事等。通读本书，可以理解特定环境中如何做人做事，未雨绸缪，作为涵养心性、修养行为的参考。

本书也可以选读，结合自己成长、发展中的困惑，选择与之相关的易卦来读，了解做成此事、解决其惑、形成取舍的策略和方法。如《困》言险境、《井》言无助、《蛊》言流蜚、《噬嗑》言刑罚、《大有》言成功等，卦中的每一爻对应不同的阶段或状况，该如何去做、如何去想，调整行为，改善情志，或走出困境，或守住辉煌。

倘若读者有兴致，期待《周易》能够提供具体的指导，可以起卦后选择某一卦、某一爻进行点读，借助卦辞、爻辞的解读来理解《周易》的义理，为自己的未解之惑、不明之事、不通之思提供现实的参考。为便于读者查找，附表于下。

六十四卦表

地	山	水	风	雷	火	泽	天	
地天泰	山天大畜	水天需	风天小畜	雷天大壮	火天大有	泽天夬	乾	天
地泽临	山泽损	水泽节	风泽中孚	雷泽归妹	火泽睽	兑	天泽履	泽
地火明夷	山火贲	水火既济	风火家人	雷火丰	离	泽火革	天火同人	火
地雷复	山雷颐	水雷屯	风雷益	震	火雷噬嗑	泽雷随	天雷无妄	雷
地风升	山风蛊	水风井	巽	雷风恒	火风鼎	泽风大过	天风姤	风
地水师	山水蒙	坎	风水涣	雷水解	火水未济	泽水困	天水讼	水
地山谦	艮	水山蹇	风山渐	雷山小过	火山旅	泽山咸	天山遁	山
坤	山地剥	水地比	风地观	雷地豫	火地晋	泽地萃	天地否	地

易之为道，在乎不易；易之为体，在乎变易；易之为用，在乎简易。期待本书能有助于读者明晰学理、修养心性、涵养道德，理性而平和地立身处事，乐观而坚定地面对未来。

上　经

乾卦第一

䷀乾：元，亨，利，贞。

以乾象天，乃取其周流运转、变化无穷、循环往复之义。其有主宰之功，却无自私偏狭之心，更无敷衍应付之意。元为善始，亨为敬慎，利为能行，贞为守正。其言君子做事，善始善终，谨慎虔诚，兢兢业业，恪守正道，合乎仁、义、礼、智、信，便可如天行健，自强不息。

《彖》曰：大哉乾元！万物资始，乃统天。云行雨施，品物流形。大明终始，六位时成，时乘六龙以御天。乾道变化，各正性命。保合大和，乃利贞。首出庶物，万国咸宁。

乾卦六爻皆阳，为纯阳之卦。乾以天喻，为体；取其刚健、公平、无私、光明、正大之德，为用。天生万物，地承万类，万物万类皆体现乾阳之正、动、大、刚，方才成其器，成其体。万物负阴抱阳，阳循阴从，以乾为首，以取正直之德。

《象》曰：天行健，君子以自强不息。

易之取象，一取卦辞，二取卦画，卦象为本，爻象为末。以龙喻乾卦，取其亨通、吉利、显著、光辉之象。读卦须得意忘言，以明其意，尔后求其所用，便能触类旁通。乾之为天，在于四时不息，周行不殆，无须外力，是以自强，是为不息。

初九，潜龙勿用。

《象》曰："潜龙勿用"，阳在下也。

六十四卦之初爻，皆取象地下，以像未能显现之时。当隐忍一时，不要妄动浮躁，急功近利，有面壁十年图破壁之用心。

九二，见龙在田，利见大人。

《象》曰："见龙在田"，德施普也。

田为地之表，以龙潜出，喻君子初具规模，才显峥嵘。当拜见合道、有德、能修、居上之人，一则向学，二则求教，三则以为援引。

九三，君子终日乾乾，夕惕若，厉无咎。

《象》曰："终日乾乾"，反复道也。

君子行事，当勤勉、持恒、谨慎。一则见大人得以指点，须谨敬之，深思之，审问之，笃行之。二则初入社会，颇多坎坷，须如临深渊，如履薄冰，夙兴夜寐，方才能入正道而成事业。

九四，或跃在渊，无咎。

《象》曰："或跃在渊"，进无咎也。

龙之飞舞，有升有降；人之做事，有对有错；事之发展，有成有败。遭遇困顿、失败之时，需沉稳面对。若能守正道，自强不息，便可无咎。君子做事，能潜者方能现，在渊者方能跃。君子守道而穷，非己之过失，乃时不合也。时势不合，卷而怀之，何咎之有？

九五，飞龙在天，利见大人。

《象》曰："飞龙在天"，大人造也。

阳爻居五，中正刚健。龙之在位，君子得时，宜如飞龙，刚健从事，不屈不挠，不卑不亢。所谓大人者，一为立功而居高位者，二为立德而得敬重者，三为立言而为传诵者。

上九，亢龙有悔。

《象》曰："亢龙有悔"，盈不可久也。

龙高飞而有极，人行事而有度。过高必降，失度则悔。水满则溢，月盈则亏，故做事不宜过分，当留有余地。老子言战胜以丧礼处之，后世言功成身退，是以盈亏之道言长久之法。

用九，见群龙无首，吉。

《象》曰："用九"，天德不可为首也。

若六爻皆九，合乎乾之真义，以体天道，人事不可用之，故而以用九断事。六爻纯阳，群龙相聚，何以统之？天道。若群龙皆为君子，虽一时无首，但君子终能同和、同德、同志，故同吉。阳潜于下当伏，德修于身当施，刚健之道当坚持，磨难之时当坚毅，若逢时机当有为，盈满之处应警惕。先胜不为胜，群雄逐鹿，后成者王，于人道当求尚同，方可成其用。

《文言》曰：元者，善之长也；亨者，嘉之会也；利者，义之和也；贞者，事之干也。君子体仁足以长人，嘉会足以合礼，利物足以和义，贞固足以干事。君子行此四德者，故曰："乾：元，亨，利，贞。"

此言天道与人道之交际。元、亨、利、贞体天道，合乎天道之长、天道之通、天道之和、天道之行。天道合于人道者，在于仁、义、礼、智。仁者，人之为人；礼者，人之能分；义者，人之能群；智者，人之能断。孔门以"元"体仁而为善，以“亨”体礼而能交，以“利”体义而合宜，以“贞”体智而成事。故元、亨、利、贞体于天道，善长、嘉会、义和、事断见乎人道。《说卦》言：“立天之道曰阴与阳，立地之道曰刚与柔，立人之道曰仁与义”。人行于天道，合于大化；天见乎人道，成乎伟业。

初九曰“潜龙勿用”，何谓也？子曰：“龙德而隐者也。不易乎世，不成乎名，遁世无闷，不见是而无闷。乐则行之，忧则违之，确乎其不可拔，‘潜龙’也。”

有龙之德而隐，非不能也，乃不为也。乱世而不达者为守拙，治世而不达者为不遇。孔子言：“邦有道，贫且贱焉，耻也。邦无道，富且贵焉，耻也。”故道虽不行，达理而已，何必忧烦乎？守道而穷，有德自乐。所忧烦者，在道之不行，非己身之尊荣。故潜龙之志，不可拔矣。此所言之潜龙，非不得已之潜；乃自守之潜，实自觉自为。故非时机之论，尔乃时势之选。唯如此，方能进道勇，而无所畏惧。

九二曰“见龙在田，利见大人”，何谓也？子曰：“龙德而正中者也。庸言之信，庸行之谨，闲邪存其诚，善世而不伐，德博而化。《易》曰：‘见龙在田，利见大人。’君德也。”

乾德如龙，立身中正。言信、行谨、防邪、存诚，功惠于民而不夸，德施于人而能化。上德不德，是以有德，此乃君子之德。大学之道，在明明德，德性修为如此，方可与大人相识，得其指点援引。

九三曰“君子终日乾乾，夕惕若，厉无咎”，何谓也？子曰：“君子进德修业。忠信，所以进德也。修辞立其诚，所以居业也。知至至之，可与言几也。知终终之，可与存义也。是故居上位而不骄，在下位而不忧。故乾乾因其时而惕，虽危无咎矣。”

君子强健而警惕，以进德修业为常操，自我砥砺；以忠诚守信为准则，修养不息。修辞非所以饰言，乃述其诚意也，乃助其功业也。君子知其何去何从，方可为之指明德行学业；若坚持善始善终，方可与之同心同德。有此宽宏，有此谨慎，进上不至于骄，退下不至于悔。随时敬慎如一，自能脱围解困。

九四曰“或跃在渊，无咎”，何谓也？子曰：“上下无常，非为邪也。进退无恒，非离群也。君子进德修业，欲及时也，故‘无咎’。”

君子之行，穷达自如，唯求心安而已。时势无常，道行多方，故藏以修身，显以建功。守道以为本，立德以为用，可以随时进退，不急不躁，无忧无咎。

九五曰“飞龙在天，利见大人”，何谓也？子曰：“同声相应，同气相求；水流湿，火就燥；云从龙，风从虎；圣人作而万物睹；本乎天者亲上，本乎地者亲下，则各从其类也。”

君子欲得贵人相助、高人指点，非以干谒而求援引，实乃以个人德行而为人敬重。所谓高人者，非慕虚荣也；所谓贵人者，非缺利禄者；其所推崇者，乃有德有才之硕彦英俊。欲与之相应和者，非巧饰可得，非攀援可成。当彼此同志、同德、同心。物以类聚、人以群分，利见大人者，一当为飞龙，即才俊之士；二当为在天，即时机合适。

上九曰“亢龙有悔”，何谓也？子曰：“贵而无位，高而无民，贤人在下位而无辅，是以动而‘有悔’也。”

尊而无位，可自尊；贵而无用，当自贵，君子以此守心。然尘俗自以为是者亦有类自尊、自贵者，实乃以自我为中心，无才无德而居上位，自鸣得意，以致贤者远遁，民众离心，一意孤行，其败可知。

“潜龙勿用”，下也。“见龙在田”，时舍也。“终日乾乾”，行事也。“或跃在渊”，自试也。“飞龙在天”，上治也。“亢龙有悔”，穷之灾也。乾元“用九”，天下治也。“潜龙勿用”，阳气潜藏；“见龙在田”，天下文明；“终日乾乾”，与时偕行；“或跃在渊”，乾道乃革；“飞龙在天”，乃位乎天德；“亢龙有悔”，与时偕极；乾元“用九”，乃见天则。

用九寓意最深，乃否极泰来、柳暗花明之喻。阳至于极乃阴，故群龙无首时，君子偕行，则柔弱胜刚强，以坤治，方能成其用。此乃阳极生阴，阴极复阳，乃天地大法则，亦为古往今来兴衰成败之关键。

“乾，元”者，始而亨者也。“利，贞”者，性情也。乾始能以美利利天下，不言所利，大矣哉！大哉乾乎！刚健中正，纯粹精也。六爻发挥，旁通情也。“时乘六龙”，以御天也。“云行雨施”，天下平也。

天道利万物，天德固守正，故万物出于天，万情应乎地，万事合乎人。乾之大，在于刚健中正，纯粹精诚，表里如一，始终如一。六爻化成，合乎乾道则吉，悖逆乾道则凶。君子处事，当因道以取天时，可以时乘六龙而御天；据德以守人和，为云行雨施而教化。

君子以成德为行，日可见之行也。“潜”之为言也，隐而未见，行而未成，是以君子弗用也。君子学以聚之，问以辩之，宽以居之，仁以行之。《易》曰“见龙在田，利见大人”，君德也。

君子养德，见乎事功。然时机未到，暂且守拙，隐而自逸。可见于行，而不用于世。君子修养，在于德操，在于见识。以学聚友，以问辩非，以宽容众，以仁成事。君子修德如此，方可修齐治平，为居上者重之。

九三重刚而不中，上不在天，下不在田，故乾乾因其时而惕，虽危无咎矣。

君子虽有大人赏识，然初显身手，位居中流，上情下意皆不能通，进亦忧、退亦忧，地位尴尬。唯有持守正道，勤勤恳恳、兢兢业业，方可通上下而得其用。

九四重刚而不中，上不在天，下不在田，中不在人，故“或”之。“或”之者，疑之也，故无咎。

九三、九四处境最难。九三为下卦之首，其超乎常人，却未能居上，有名望而无实职，当谨慎图进。九四居上卦下爻，上有九五之尊，不能进；下有九三之贤，九二之野，又不能退。其常有“中不在人”之感，此时之疑惑，或有远遁之意，或有究竟之心，终因其持正，虽有疑惧顾虑，尚不至于灾祸。

夫“大人”者，与天地合其德，与日月合其明，与四时合其序，与鬼神合其吉凶。先天而天弗违，后天而奉天时。天且弗违，而况于人乎？况于鬼神乎？“亢”之为言也，知进而不知退，知存而不知亡，知得而不知丧。其唯圣人乎！知进退存亡，而不失其正者，其唯圣人乎！

此所谓大人，乃圣人、神人、至人、高人之合称，其位居上，其德配天，其用在地，其才兼通天时、地利、人和。行事预谋本乎天，决策立意合乎地，明察于人，莫测超乎鬼神。故所言之大人，非居高位者，实乃能平天下之圣贤。人之在世，不通进退之道、刚柔之法、存亡之故、兴衰之枢，乃区区匹夫尔。功成身退、以柔克刚、居安思危，乃智者所虑、慧者所为。自古至今，不知餍足者有之，功败垂成者有之，何则？不明“满招损”“盈则亏”之道也。

今按：乾之为体，在合天道；乾之为用，在行刚健。以乾为君，其以道义统率；以乾为父，其以担当为纲；以乾为长，其以不懈为常。乾为流转宇宙中刚健之力，其发乎始，持之恒，用之远，成之久。乾为首，一在成乎众卦，是为阳；二在用乎众爻，用其刚；三在统领众卦，成其事。故乾卦虽有艰涩苦行之惑，然终能善始善终，自守之；不离不弃，天成之。行有所成，成有所用。

坤卦第二

䷁坤：元，亨，利牝马之贞。君子有攸往，先迷；后得主，利。西南得朋，东北丧朋。安贞吉。

坤居乾后，为纯阴，与乾相和相应，互根互存。乾生万物立法则，坤育万物表态度。《系辞上》言“天尊地卑”，地之卑者，在于柔和、谦让、成全、呵护，故以牝马之贞喻其操守，以厚德载物喻其德行。

《彖》曰：至哉坤元！万物资生，乃顺承天。坤厚载物，德合无疆。含弘光大，品物咸亨。牝马地类，行地无疆，柔顺利贞。君子攸行，先迷失道，后顺得常。西南得朋，乃与类行。东北丧朋，乃终有庆。安贞之吉，应地无疆。

乾生万物乃大，坤育万类乃广。坤德含弘光大，使万物各得其所。乾为龙为马。牝，畜母也。利牝马之贞，乃取母马之象，以象柔顺也，犹言守以谦逊柔顺。阴依附于阳，有辅佐之德、呵护之宜、成全之功。君子初行坤道，或难以适应被动、柔顺、处下之事。当以静处之，不宜过于自主，以致迷失自我。坤阴为地，地厚于西南；艮阳为山，山高于东北。坤安分守己、谦和处下，不与艮争高，自守其厚，以成艮山之高，故能安贞吉。

《象》曰：地势坤，君子以厚德载物。

势者，地之形势态势。地法天，处下而不卑，厚载而不倨，为坤德成全之美。其知乾之志、乾之力而追随之、承载之、辅佐之、成全之。与乾相合相应相生相助，与之颃颉、守恒、稳定。孤阴不生、独阳不长，阴阳互补互利。成人之美者，方能成己之功。要成人之美，处下而为佐，卑下以自牧。非厚德不能行，非守己不能成，坤德之珍贵，莫过于此。

初六，履霜，坚冰至。

《象》曰："履霜坚冰"，阴始凝也。驯致其道，至坚冰也。

初六为阴，此乃今本《周易》第一阴爻，寒气凝聚。初寒为霜，坚冰时至。阴气凝结，阳气势微，万物肃杀，君子当应时而坚守，顺应自然而守拙，审时度势以待机。

六二，直方大，不习无不利。

《象》曰：六二之动，直以方也。"不习无不利"，地道光也。

二为阴位，阴爻处阴位，适宜初见。阴爻为辅佐之象，又处阴位者，取其被动、谦退之意。习，鸟数飞也。初处用地，不谙其事，当持正直、方正、大度心态。朱熹曾言："坤卦中惟这一爻最纯粹。"见其中正之志，在于守正道、用纯心、能笃行。士人初用，得乎此位，谨敬以行，方可无往而不利。

六三，含章可贞，或从王事，无成有终。

《象》曰：“含章可贞”，以时发也。“或从王事”，知光大也。

阴处阳位，为下卦之上，似居清要之职，却难行掌控之实。看似当行阳道，实则当用坤德。须尽力成全，以显尊上之美，以隆敬爱之德，方无咎无过。或言三失位于坤为无成，动而合谦之九三，故曰有终。至人无己、神人无功、圣人无名，周公佐成王，以全成王之事而成其业。君子做事，一则待机，二则审势，厚才学而守正，藏器于身，待时而动。不上不下之时，最宜探知得失之理，无所用方成大用。

六四，括囊，无咎无誉。

《象》曰：“括囊无咎”，慎不害也。

括囊者，结紧束缚也。坤中虚，需守口如瓶；六四位不处中，无阳爻相助，则不能成大事。爻近五则多惧，当慎言敏行，心存警惕，不求功求誉，方可无咎。多言数穷，不如守中。君子处事，不当机者不发，不合时者不用。立言立论，皆需谨慎，不被器重之时，则求无过。

六五，黄裳，元吉。

《象》曰：“黄裳元吉”，文在中也。

坤地为土，土以黄为正，故坤有中和之德。五为君位，阴爻处之，乃以坤德居君位，谦逊为怀，善莫大焉。裳为下衣，喻坤德处下之态，实有温文尔雅之情怀，因处九五中正之位，故言文德在中。为厚德而王天下之义也。

上六，龙战于野，其血玄黄。

《象》曰："龙战于野"，其道穷也。

坤居西南，乾居西北，战者，争高下也。阴极而生阳，故坤不守坤道，犹言女不守妇道，龙困浅滩、蛰伏于野。此言乾坤错位，夫妇缠斗，小则乱其家，中则乱其国，大则乱天下。故坤德不守，乾阳必散，天玄地黄，各有所伤。坤不守处下德而居上，必使乾阳受损，因厚德丧尽而招致阴阳相薄，乾坤两失。

用六，利永贞。

《象》曰：用六"永贞"，以大终也。

古筮法六爻皆变，以用六为占。阴极生阳，纯阴不能成事，坤卦多辅佐之功、相助之德。一则坤阴之德，在乎坚守，利于永贞。二则阴有保全支持之力，乾道行则柔顺，乾道衰则扶持，如此成乾坤之用。坤之用，至德至厚，功成而不居，利他而不伐，相助而不凌，相合而不厌，遂得世人敬重，立德立功。

《文言》曰：坤至柔而动也刚，至静而德方。后得主而有常，含万物而化光。坤道其顺乎！承天而时行。

坤之德，非在柔，而在顺。所谓顺者，因顺天地之法而不生悖逆，此非一时蛰伏，而持之以恒。故与“潜龙勿用”之待机不同，因其秉守正之道，至柔方能至刚。坤之温柔敦厚，静而生慧，得阳而动，承天而行，不妄作主张，温和而坚定。其德流布，包容万物、养育万物，一如贤妻良母，泽被远矣。

积善之家，必有余庆；积不善之家，必有余殃。臣弑其君，子弑其父，非一朝一夕之故，其所由来者渐矣，由辩之不早辩也。《易》曰：“履霜，坚冰至”，盖言顺也。

善积恶聚，祸福非自天降，实由己作。君臣、父子、夫妇、兄弟、朋友之间，是非功过，皆应和而来。坤为阴，必与阳相合，方可吉祥。若阴而无阳，阴气淤积而不通，易生祸患。坤阴消阳，便生祸患，如否卦之“臣弑君”、遁卦之“子弑父”、渐卦之“日损其德”。坤卦言“履霜”，在于警示因循、柔顺、敬慎之重要。

“直”其正也、“方”其义也。君子敬以直内，义以方外，敬义立而德不孤。“直方大，不习无不利”，则不疑其所行也。

正直、负责乃君子之德。内直者，明己之得失成败也；外方者，知行事之分寸也。君子内外兼修，无往而不利。虽有不谙习之事务，若天性质朴、德操有守、行为得体、无忧无惧，自有高人指点，贵人相助，朋友相成。

阴虽有美，含之以从王事，弗敢成也。地道也，妻道也，臣道也，地道无成而代有终也。

天一生水，地六成之；地二生火，天七成之；天三生木，地八成之；地四生金，天九成之；天五生土，地十成之。地之德非在于自成其事，而在于随天成事；坤有内美、内秀、内慧，既以本性为阴柔，则含而敛之，能随至大、至刚、至强、至贤之人成事，而非独立从事。有功而不居，有才而不露，此乃古之所言辅佐之道。

天地变化，草木蕃。天地闭，贤人隐。《易》曰：“括囊，无咎无誉。”盖言谨也。

坤之六四，坤长乾消，乾阳无用，实阳消阴退，君主不明，此时贤者当销声匿迹，明哲保身，以渡浊世。

君子黄中通理，正位居体，美在其中，而畅于四支，发于事业，美之至也。

六五居正位，或解为君子以阴柔为用，行事和顺畅达；或解为坤德守正，持家持国有道。坤德守正，如人之四肢通泰顺畅，坤德方发挥至极，尽善尽美。

阴疑于阳必战，为其嫌于无阳也，故称“龙”焉。犹未离其类也，故称“血”焉。夫玄黄者，天地之杂也，天玄而地黄。

阴气过重，则易伤阳。女性最忌阴鸷，男性最讳阳暴，坤凝则阴沉狠毒乖戾，乾散则轻浮粗野散漫，二者不守正道，彼此便缠斗不休。犹如夫妻之斗狠厮打，吵闹不休。天玄地黄为正色，天不守乾道，坤不守地道，天昏地暗之色为杂玄杂黄。

今按：乾坤二卦，为《周易》之门户。《文言》详解之，唯恐后学不明其意。实则言至阳至阴，乃天地法则。至阳者成其事，至阴者佐助之。人之立身，须明白自己为何等人，若不能为长，则尽辅助之才，谨慎忠敬，周密细致，以成人之美，成己之事。为人之弊，在于不知天高地厚，不知自身长短。故君子立身，一在自知之明，明己之心胸、气度、格局、修养能否成就大业；二则择善而从，据己之所处而审相应之行，方可有所教益。由此观成败得失、富贵穷贱，常在己之不自知，而不在人之不知我。

屯卦第三

䷂屯：元亨，利贞。勿用有攸往，利建侯。

屯卦寓意初始，万事开头难，故以“刚柔始交而难生”立意。其所谓元亨者，乃言万物初生，皆若赤子，孕育无穷可能性，若守正则能亨通。然初生者实力弱小，利于自我发展，不宜有大作为。

《彖》曰：屯，刚柔始交而难生。动乎险中，大亨贞。雷雨之动满盈，天造草昧。宜建侯而不宁。

屯卦乃一阳初生，于阴爻之下，为刚柔始交之象，一如种子萌芽，艰辛备至。上卦为坎，坎者陷也；下卦为震，震者动也。其象动乎险中，做人在于险中，警惕谨慎而无咎；做事之初充分预估风险，则可无祸，故言大亨。雷雨之动，乃阴阳始交，阴阳之气皆足。此时，天地混沌蒙昧，可趁机草创，不能错过机会，是为贞。

《象》曰：云雷，屯。君子以经纶。

雷在云中翻响，天地风云际会。此为混乱之时，又是新天地开辟之机。君子当思如何经略天下，力图一番作为。困难之际，为常人思退之时，恰是刚毅者奋发特立之机。

初九，磐桓，利居贞，利建侯。

《象》曰：虽磐桓，志行正也。以贵下贱，大得民也。

初爻一阳生于二阴之下，力量极其微弱，也是徘徊不定之时，当安居守正，做好分内之事。徘徊不决中，最宜坚守正道。万事开端，最宜同仇敌忾。屈尊以下，深入民间，以得民心。阳爻为贵、为刚，处于阴爻之下，有甘拜下风之意。君子立身，非求一时之尊卑，而图积善为福。于艰辛之时，或躬身而同甘苦，或沉潜而自退默，方可厚积。

六二，屯如邅如，乘马班如，匪寇婚媾。女子贞不字，十年乃字。

《象》曰：六二之难，乘刚也。十年乃字，反常也。

屯者，聚也；邅者，徘徊也。有力而不能用，一如群马徘徊；此虽为不祥，然却非凶兆。婚媾喻结合、联谊、建盟之事，此时当海纳百川，求同存异，当应宜应允，以免失去机缘。初爻之沉潜，在于固基；六二之危难，在于以小事大，柔居刚上，一如文王德行西岐而臣服殷纣，须缓图之，结盟以壮大。若逢此困顿，畏葸不前，则延误时机。

六三，即鹿无虞，惟入于林中。君子几，不如舍，往吝。

《象》曰："即鹿无虞"，以从禽也。君子舍之，"往吝"穷也。

逐鹿天下须有贤人相助，否则会陷入无边困惑。君子若无向导，盲目追鹿，便会陷入困境，莫不如暂时放弃。屯卦上坎下震，六三交合于坎，坎险而陷，故不宜冒进。初爻待机、二爻聚兵、三爻待贤。以前三爻观之，屯之难，难在起步之艰辛。

六四，乘马班如，求婚媾。往吉。无不利。

《象》曰：求而往，明也。

上卦为坎，六四比于九五，阴爻亲近阳爻，得位。此爻时来运转，有益于众人。得其尊重，初见光明，处于有利地位。二与四同功而异位，其善不同。二多誉，四多惧。故六二之婚媾，乃他求而被动；六四之婚媾，乃自求而主动。此爻寓经营有方，渐见光明，趋向明通。

九五，屯其膏，小，贞吉；大，贞凶。

《象》曰："屯其膏"，施未光也。

六十四卦吉凶，先取卦义，再判爻义。屯卦处初始状态，虽有九五之尊，仍为小国寡民。需广施恩泽，以小事大，用其智，持正直而趋吉。若自以为大，自取其凶。爻辞以膏喻德泽，德泽之少且小矣。况此卦一阳在初，未能萌动众阴；九五虽在正位，处于众阴之中，一如漫漫长夜独行其中，有应和者不能合力。身虽正，仍步履维艰。些许恩德，未能为众阴所周知而认同。

上六，乘马班如，泣血涟如。

《象》曰："泣血涟如"，何可长也？

虽有阳刚之气，空有一腔抱负，徘徊不前；奈时不我与，志士共踟蹰，和血和泪，满腔悲愤。六十四卦有其始终，一卦亦各有其始终。《易》之为卦，其初难知，其上易知。上六非吉兆，一则屯卦为蛰伏之象，本当静而安；二则小国寡民，君当处下。若不能安分守己，忘记所处环境及弱小实力，不仅徒劳无功，甚至血泪交流，贻害无穷。

今按：屯之言出生，在乎柔软。一则其力未劲，只能蛰伏；二则其势初成，最宜将养。屯卦之用，在于有所为有所不为。所能为者，养乎身，为乎学，觅乎机；所不为者，成乎事，行平功，长平用。故此卦守则安，动则咎；求则吉，昂则凶。故当安于其境而不妄动，耘于其植而不轻忽，待于时机而谋其始，行于其时而思功成。

蒙卦第四

䷃蒙：亨。匪我求童蒙，童蒙求我。初筮告，再三渎，渎则不告。利贞。

蒙者，启蒙也。《伊川易传》言："蒙之六爻，二阳为治蒙者，四阴皆处蒙者也。"蒙卦以开蒙养正为义，蕴含师徒相处之道：求学之道，非师长求幼童，乃幼童求于师长。初次询问，认真教诲。若询问之后不求甚解，接二连三反复求问，或不能举一反三，未经深思而轻易询问，则为亵渎、轻侮，不必苦口婆心教诲。求学之道，为师之道，皆在于守正持直。

《彖》曰：蒙，山下有险，险而止，蒙。"蒙，亨"，以亨行时中也。"匪我求童蒙，童蒙求我"，志应也。"初筮告"，以刚中也。"再三渎，渎则不告"，渎蒙也。蒙以养正，圣功也。

蒙者，蒙昧也，一如山之险，险而止。蒙之亨通，在于未启蒙之时，有家人、师长呵护，能亨通一时。待童蒙入学，求师问道，自有师长启发，师生切磋，相合相应。初问告知，在于各守其道，生谦卑而师尊重。以九二居阳刚中正之位，象征师长；以六五相应，则为生不耻下问、谦逊向学，二五相应，则同心同德，成圣成贤。

《象》曰：山下出泉，蒙。君子以果行育德。

蒙之二五爻相应，应在以下求上。以山下遇险象，指明必求知于师，开启蒙昧，方能化险为夷。君子不弃蒙昧，则无法养正。艮为山，山为静，象君子之师；泉为水，水为智，象君子求师而生慧。欲开蒙者，需果决坚毅以养其德操，最忌犹豫问道、怀疑求学。

初六，发蒙，利用刑人，用说桎梏，以往吝。

《象》曰："利用刑人"，以正法也。

启蒙之初，一则引导少年向善，不作奸犯科，使其免于刑戮，此其表义也。二则教少年向学，脱去无知之束缚，开化蒙昧而洞悉大道。初入学校时最难管教，性情各异，规矩不成。读书向学，初似束缚，终将摆脱束缚，由必然王国至于自由王国。孔子言："道之以礼，齐之以德，有耻且格。"先摆脱行为之桎梏，尔后达成心性之纯粹明诚，最终至于修齐治平。

九二，包蒙，吉。纳妇，吉；子克家。

《象》曰："子克家"，刚柔接也。

包者，妊娠之象。九二处四阴之中，一如妊娠之养，又如群生向学，故吉。九二为阳，六五来应，阴阳相合，有纳妇之喜兆，又吉。九二至六四，一如震而居中，有六五为助，子刚妇贤，三吉。九二刚，处众柔之中，能和而不流、中立不倚，实则以己之刚直影响众人，刚柔相接，以成其用。

六三，勿用取女。见金夫，不有躬，无攸利。

《象》曰："勿用取女"，行不顺也。

女为阴。阴者，守也，静也，安分也。有女见如金如锡、如圭如璧之君子，主动攀附，有轻浮之态，故君子厌弃之。六三乃阴爻居阳位，预示女子不守妇道之贞信，娶之无益。《易》多以六三为失位，多凶象，皆因阴柔者行阳刚事。就开蒙而言，于此初成之时，当阴柔、安分、谦逊，不耻下问而有成。

六四，困蒙，吝。

《象》曰：困蒙之吝，独远实也。

六四处于两阴之间，上下一片蒙昧，离九二渐远，师教难于达至，最为困顿。此乃无言独上西楼，为似通非通、幽暗不明之困顿之时，由学而至于思，由习而至于悟，最为艰辛。不经由此坎，学不成也。王弼言："独远于阳，处两阴之中，暗莫之发，故曰'困蒙'也。"师之教益已成，自修自悟之时，需面壁苦思，几达于道，此最为孤独、难耐之时也。

六五，童蒙，吉。

《象》曰：童蒙之吉，顺以巽也。

《周易本义》："柔中居尊，下应九二，纯一未发，以听于人，故其象为'童蒙'。"六五为尊，一则尊师长，二则诵习思悟，终达于小成，故吉。为学之道，在于恭而顺、谦而逊，方能摆脱蒙昧，自立于世。

上九，击蒙，不利为寇，利御寇。

《象》曰：利用御寇，上下顺也。

启开蒙之失败，一在苛责，此师之失也。二在逆反，此生之失也。二者易毁启蒙之业。教育之义，不在导人如何，更在防人如何。知止而后能定，先扎篱笆后养羊，需先告诫学生何为规则，棒喝之后，然后教以大道。先教以守则，师生声气相合，方能施教，学生怀疑导师之言，何以教之？何必教之？

今按：蒙之养正，在于为学。幼虎学猎，雏鹰试翼，非温习不能成其用，非远志不能持其恒。为学之道，先起于操持之功，再成于高拔之志。不操持不能学成，易人云亦云；不高拔则无气象，易饾饤杂凑。故蒙之为用，在于德盛教尊，人文化成。故初爻告诫，九二取吉，六三省思，六四奋发，六五用吉。上九严责，以警祸患。为学之坎坷，为师之良苦，皆在蒙卦之中。

需卦第五

䷄需：有孚，光亨，贞吉，利涉大川。

启蒙之后，君子循序渐进而前行。水在天上，有雨未下，阴晴不明。凝于阴而待于阳，故需卦言待机。坎之孚，在心怀诚信。光明磊落，则万事亨通；持守正道，方能度过灾难。卦爻辞中，凡言涉川，皆取乾、坤、坎、巽诸卦，喻致远而能达。

《彖》曰："需"，须也。险在前也，刚健而不陷，其义不困穷矣。"需，有孚，光亨，贞吉"，位乎天位，以正中也。"利涉大川"，往有功也。

乾为马，马前有坎，必须静待时机。以刚健待之，便不会盲目冒进，不至于穷困。需卦九五爻居君位，持正中之行，可险中取胜，有所收获。涉大川，为前进必遭之坎坷，有主动、进取之义。然进取者需待机而动，稳中求进。六爻依次为无咎、终吉、慎不败、顺以德、贞吉、终吉，几无凶象，在于谨慎、认真、细致，遇险而不至于出错。

《象》曰：云上于天，需。君子以饮食宴乐。

风云变化，阴晴不定，未来不明。虽欲前行，却不可一味强求，姑且放下心事，安于生活，待雨过天晴再做决定。此卦言君子待机之境遇。

初九，需于郊，利用恒，无咎。

《象》曰："需于郊"，不犯难行也。"利用恒，无咎"，未失常也。

君子处于城郊，尚在山野、草野之中，机会尚远，须耐心等待，以确保无失。在旷野中等待时机，一言己之卑微，二言援进之路不通。道路阻且长，功业安可知？须明险阻重重、切勿勉强之理。君子刚健而不闻，有九二、九三掩护，六四之祸不及于己，守常、守恒即可。

九二，需于沙，小有言，终吉。

《象》曰："需于沙"，衍在中也。虽"小有言"，以吉终也。

沙为水中实物，九二在下卦之中。就涉大川而言，川中有沙，实有根底可资凭借。初出茅庐，为人品评、责难，因初有立足之地以为凭借，能以直报怨，归于吉利。衍为水起水落。沙上等待，必有水进水退之忧，一如树欲静而风不止，必须忍耐警惕、静待不躁。小有言，一为他人评价责难于己，二为己有不恰当之言。既要忍耐，又要省思，因持有孚之心、贞吉之行，性宽得中，有惊无险。

九三，需于泥，致寇至。

《象》曰："需于泥"，灾在外也。自我致寇，敬慎不败也。

九三居上，离卦坎最近，一如临近泥潭。群行攻劫曰寇，寇寓强取之义。犹言此时陷于泥沼，观望机会。泥沼中待机，其身尚在灾祸之外。因己之进取至于水边，则自取其咎。故此寇为必然之事，尚可意料，犹火中取栗、虎口拔牙，看似寸步难行，有预在先而应谨慎。此时最忌刚亢躁急，必须保持恭敬。

六四，需于血，出自穴。

《象》曰："需于血"，顺以听也。

人若前进，必有被动之时，或临四面楚歌之境地。血喻伤痕累累，穴喻灾难重重。六四居于坎下，处于阴中之阴。阴爻得正，反动力量甚强，此时能施救者，唯独自己。何以自救？以君子之德，持有孚、贞吉之义，方可脱离祸患。若仍执迷不悟，不能诚信守正，焉能"出自穴"？处于险中，进取一时受阻，为人生蹉跎境地，最为无奈。此时唯有暂时收敛，因顺自然，姑且随困境起舞，稍与世浮沉，方能顺势而脱困。所言之听，乃接受、接纳他人规劝、指点，在改变中脱险，在困顿中进步。

九五，需于酒食，贞吉。

《象》曰："酒食，贞吉"，以中正也。

君子诚敬待机、持正守道，终有成就之日。经初九、九二、九三持续等待，越过六四之艰难，终以君子之德获得福报，在于有孚、贞吉之持守也。九五之正，居上坎之中，故而中正。君子立心，必中必正，即便坐以待机，亦无忧无惧，何况持刚健之行、正直之气、中和之心乎？就全卦言之，九五最能见需卦之义，在于安分守己、自娱自乐、且待机遇。

上六，入于穴，有不速之客三人来，敬之，终吉。

《象》曰："不速之客来，敬之，终吉"，虽不当位，未大失也。

君子待机，至于九五乃得机遇，暂时可享逸豫之乐。然需卦在待机待时，于一生而言，仍有立德、立功、立言之志，不当安于宴乐。若不能稍做整顿，重新出发，则时机稍纵即逝。上六至阴至极，乃乐极生悲之处。故九五之后，需转入下一阶段，不可于上六须臾徘徊。否则必跌落深渊，重返六四之艰辛。不速之客，乃意外人事，敬慎处之，终可度过。阴居阳上，又逢上六，一如云中之水，过高而必下落为雨，入于地下。其不能变而求通，只能返归本初。幸阴爻有顺从之义，能省己过而虔诚待之，藏德待用而已。

今按：需之为卦，在于言待机渐进之道。如待于郊、沙、泥，处境不同，皆能磨炼心志，由物及人。故君子闻道，由远而近；君子体道，由物及身；君子行道，格物致知诚意正心，尔后则修身齐家治国平天下。血、食乃喻洗心革面之彻悟，有此彻骨之变，才能有意想不到之益友相助。需卦之吉，在于依照次第而行，谨慎而持重，有备而无患。

讼卦第六

䷅讼：有孚窒惕，中吉；终凶，利见大人，不利涉大川。

讼主口舌，君子遇争辩之事，多中诚不为人识。虽情诚于中，然讼自外来，为强加之罪，必然凶险。逢此际遇，只能求助于高人、贵人，速速化解，不宜固执鲁莽。

《彖》曰：讼，上刚下险，险而健，讼。“讼：有孚窒惕，中吉”，刚来而得中也。“终凶”，讼不可成也。“利见大人”，尚中正也。“不利涉大川”，入于渊也。

天水为讼，无风不起浪，水为险，天为健，此讼波谲云诡。上三爻为阳，九二居于阴中，君子有把柄在小人之手，终是凶险。此时不宜争辩，愈辩愈难化解。所幸九五尚在中正，理解九二之被动，能断九二与九四之纠缠，故利见大人。若此时盲动，则愈陷愈深，几近入于深渊。

《象》曰：天与水违行，讼。君子以作事谋始。

孔子曾言：“听讼，吾犹人也。必也，使无讼乎！”争讼之上策，在于息讼，而非争讼。君子行事，在于慎独、慎行、慎言，万事开始便深思熟虑。乾道要以坎为用，方能不预留祸患。君子行事，一要守诚，二要持中，三要合理，四要警惕，五要求和，六要适度。

初六，不永所事，小有言，终吉。

《象》曰：“不永所事”，讼不可长也。虽“小有言”，其辩明也。

初为职事，难免失误，不宜与人结怨。偶有口舌，即行化解，退而不争，自可息讼。若他人稍有责难，有则改之，无则加勉，不宜结怨。不解之怨，往往由小事累积。君子从事，不计小过。若有口舌，不必相持，和而解之。有言语之争，以直言之，辩白说明即可。

九二，不克讼，归而逋。其邑人三百户，无眚。

《象》曰：“不克讼”，归逋窜也。自下讼上，患至掇也。

有些争执，不能简单化解，一要回避，二要退让。君子之争，若一时无法化解，可先停止辩论，暂退回避，以此远怨。此时需要求助于家人、友人、高人、贵人。邑人，为最终支持者，言讼时需获得必要的支持力量，万可无灾。九二乃阳居阴位，初六、六三为阴居阳位，此时阳刚君子失位，小人得志。君子当罢讼而退让，脱离是非，暂时忍耐。九二之患，在于自身不慎，此时君子道消，小人道长，回避、远遁，非不能争也，实不宜争也。自古君子合道，小人败德；君子成事，小人败人。君子与小人争，既不能成事，更无法全人。若一味混战，必被沆瀣之气所毁。

六三，食旧德，贞厉，终吉。或从王事，无成。

《象》曰：“食旧德”，从上吉也。

六三不正，能居于阳位，乃仰仗于九四旧谊。君子虽有一时过失，必须以过往业绩、平日口碑获得众人支持、信任，一如既往持守正道，最终会水落石出。此乃一时之咎，尚不能获得全部支持。反对、诋毁之言风行，最宜默默做事，低调做人。坚持正道，以前功抵今过，稍能趋吉。

九四，不克讼，复即命，渝，安贞吉。

《象》曰：“复即命，渝”，安贞不失也。

九四为阳爻居阴位，处于从属之位，但积极力量在己，可刚健从事。此时，讼之胜败亦可掌控，然君子行事，谦让为怀，不必强求胜讼。当回归君子之德，留有余地，得饶人处且饶人。争论非必胜而为止，理辩明即可。彼此相安，则安于平和守正，自然吉利。若情形有变，君子道长，仍与小人斤斤计较，则过矣。

九五，讼，元吉。

《象》曰：“讼，元吉”，以中正也。

九五君在位，既为君子居中正，有理有据；又为明君在正位，无溺无偏。以此诉讼则大吉。所有争讼，须有理、有利、有节。君子行事，守中正则无过，即便有诉讼，亦可以申辩。然所有争讼，持续太久，杀敌一千，自损八百，无如持堂堂之阵，使其无讼也。

上九，或锡之鞶带，终朝三褫之。

《象》曰：以讼受服，亦不足敬也。

赐之鞶带，乃高官厚禄；终朝三褫，多次被剥夺。若靠争讼而获得的名誉、地位，终究会在口舌中失去，仍胜之不武。息讼、远讼、无讼，乃君子正道。靠打官司取得的胜利，一如兵法之攻城略地，虽胜却必招致怨恨，故孙武言“不战而屈人之兵”。于修养而言，为君子守道明德，内安心，外验事，赢得敬重，为长久之策。

今按：讼之言事，在于是非之间，其之所以口舌嚣嚣，在于情志不一，利益有别。讼卦提醒君子面对口舌是非，一要沉默，二要守德，三要持正，四要适可，五要有节，六要息讼。故君子怀德而不争讼，以此自省、自励。与小人缠斗，旷日持久，耗时伤身，当以不辩为息辩，以不讼而胜讼，是为君子之讼。

师卦第七

䷆师：贞，丈人吉，无咎。

师象军旅，军旅之事，一则庄严，二则守正，方可御敌，方能取胜。自古用兵，关键在于选将。用合乎正道、富有经验之长者执掌师旅，方可避免灾祸。此卦上坤下坎，仅一爻为阳，能统众阴，全赖君子居于正位，节操刚正不阿。

《彖》曰：师，众也。贞，正也。能以众正，可以王矣。刚中而应，行险而顺，以此毒天下，而民从之，吉又何咎矣！

坎之险，喻军旅之危。有坤地厚载，顺德而行，九二居下，与六五相应，似乎行险，实则应坤而顺。毒者，苦也。师旅饥馑，皆困天下，虽有负担，民众从之，正义在我，故吉而无咎。

《象》曰：地中有水，师。君子以容民畜众。

地之顺德，水之载舟，用兵之义，在于得民心。墨子有非攻之说，孙子有慎武之论，管子有柔武之言，用兵不在征伐，而在威服。能威服天下者，在乎天下民心之所向也。

初六，师出以律，否臧凶。

《象》曰："师出以律"，失律凶也。

用兵之事，教戒为先。自古誓师均申明号令，以正法度。军之初成，兵卒出自民众，久不习战，散漫无度。当严明军纪，方可避免乌合之众被一击即溃。卦之初爻，多以慎始告诫，乃万事起端必正，方可顺永。若不能善始，久则成习，虽可补牢，然羊已亡矣。

九二，在师中，吉，无咎；王三锡命。

《象》曰："在师中，吉"，承天宠也。"王三锡命"，怀万邦也。

九二阳刚，居中位能用，居正位能率。加之王多次授命，委以重任，故行事无咎。九二上应六五，犹言君臣尚同，深孚众望。虽处下，而能为众阴拥戴，部属支持，利于建功。

六三，师或舆尸，凶。

《象》曰："师或舆尸"，大无功也。

六三乘刚，犹言以弱敌强，优势在敌，故不必战。六三失位，阴爻居阳位，为被动接战，有败战之虞，不能不自量力，徒劳军气。以阴处阳，不得其位；以柔乘刚，不得其助；进则无应，不得其功；退无所守，不得其所。失据如此，焉能不败？当退避三舍，以免损耗。

六四，师左次，无咎。

《象》曰："左次，无咎"，未失常也。

左次为退，六四处上卦之初爻，当以谦让为德。作战一鼓作气，气勇则斗，气衰则走。晋文退避三舍，以避楚军军锋。审时度势，方可避免失误。六四承六五而无应，犹如弱兵而无外援，不利军争。当以智事大，以守为用。

六五，田有禽。利执言，无咎。长子帅师，弟子舆尸，贞凶。

《象》曰："长子帅师"，以中行也。"弟子舆尸"，使不当也。

六五在位，形势有利，有所擒获，皆在于师出有名。六五处尊，却为阴爻居阳位，力弱不能服众，此时欲治军，须借助老将、少帅辅佐。前用丈人，犹言长子帅师，当完成新老代际交替，方可后继有人，保持军队实力。六五处尊而失位，欲定天下者，需有得力者辅佐。一为护国老臣，一为少年新隽，六五应九二，一如任用长子，保家安国。唯独用此类行事中正、声气相应之人，方可成事。其余弟子，虽人数众多，皆体阴爻，各有算计，不堪重用。若勉强使用，如车载尸，祸患久远。败亡如此，在于用人不当。

上六，大君有命，开国承家，小人勿用。

《象》曰："大君有命"，以正功也。"小人勿用"，必乱邦也。

圣人、圣王秉天授命，裂土封国，成至刚、至大、至强、至伟之业，须行阳谋，用君子之道。若用喻于利、常戚戚之小人，必不能成其功业。居上者论功，循名责实方可服人，方可来众；若徇私情，用奸佞之阳奉阴违，国必乱，事必危。

今按：师卦论兵，一在自律，二在应上，三在用贤，四在善守，五在能攻，六在明赏。用兵犹言执政，亲君子、远小人，其理可知，然非人人循此法度，故代有兴废，国有危亡，人有得失，事有成败。

比卦第八

䷇比：吉。原筮，元永贞，无咎。不宁方来，后夫凶。

比，亲密、比辅。卜此卦象，须知欲长久、无咎者，当知万物万事应守元初之正，方可令不宁者自安。比卦取义于亲近，言亲近之人相处之法，言熟悉之事成就之道。若以王道、仁政行天下，持而久之，恒而守之，乱者自消。先明此理则吉，后明此理则凶。

《彖》曰：比，吉也；比，辅也，下顺从也。“原筮，元永贞，无咎”，以刚中也。“不宁方来”，上下应也。“后夫凶”，其道穷也。

亲则不争，比则归附。不争能合，归附为从。比卦众阴归顺九五，上居中正，众阴顺从，上下尚同，亲而可用，故天下归化。以此为条件，则失道者、无理者、反背者、叛逆者，必将日暮途穷。

《象》曰：地上有水，比。先王以建万国，亲诸侯。

地得水而润，水得地可依，故曰比。坤象腹，坎象心，腹心相应，表里如一，犹言君王以德绥万邦，服天下。

初六，有孚比之，无咎。有孚盈缶，终来有它，吉。

《象》曰：比之初六，有它吉也。

有孚，诚信也。初六处下失位，能以诚信仰视九五，有顺化之义，必获援引。若诚信能盈，量大能容，终将有意外欣喜。人之做事，处低微需谦逊，处下位宜卑顺。修德修业，厚实学养，方可得他人关注、支持、起用。最忌讳初尝辄止，浅薄浮夸。初六内怀诚信而归附九五，内修文德，外必有应。

六二，比之自内，贞吉。

《象》曰："比之自内"，不自失也。

六二乃坤之中，柔顺中正，上应九五；自内比外，而得其正；故为吉之道也。人之在下，心中赤诚，坚守正道，以柔弱顺应天道人心。六二上不失亲，内不失道，无忧无虑，合乎天道。然人道非皆如此，稍有成就则易自以为是，自以为正，自以为中，沾沾自喜。实不明此时之业绩，仅相对初爻而言；对下而言，所居中位；就全卦而言，仍在下位。故此应当归附九五，做到内修德，外通和，否则便易迷失自我，作茧自缚，而不能有所进步。

六三，比之匪人。

《象》曰："比之匪人"，不亦伤乎？

匪人，乃有歹心邪念之人。六二、六三、六四均为阴爻，三阴汇聚为坤象，当行柔顺之事。惜六三居阳位，易生强取之心，而失谦和顺从之志，心中有非分之想，以行小人之道。初六比于九五为先，二应于九五，四承于九五，六三上下适当，与九五无相近相亲之意，则易成反叛之象。一则其居阳位，有觊觎之心；二则自求九五而不得，有怨恨之意。近之不逊，远之生怨，咎由自取，何可哀怜？

六四，外比之，贞吉。

《象》曰：外比于贤，以从上也。

六四仰视九五，亲近归附而尊之，故求中正则吉。六四为外卦之初，能承五比五，犹如贤臣临君，统御下阴，内外合一，吉利有加。初爻为庶人，二爻为士，三爻为大夫，四爻为公卿，五爻为君，六爻为失位犯上之人。以柔顺之道上比圣主，下御列国，此乃方伯诸侯上通下达之象，有辅佐之德、相助之美、成事之贤。

九五，显比，王用三驱，失前禽，邑人不诫，吉。

《象》曰：显比之吉，位正中也。舍逆取顺，“失前禽”也。“邑人不诫”，上使中也。

九五居中正，无私无畏，众阴归附。三驱围猎，网开一面，乃胸怀宽广；向己者舍之，背己者射之，乃赏罚有度；不妄加讨伐，臣下不必怀戒惧之心，为宽容不疑。立身行事如此，焉能不吉？九五为坎阳，中正无私，能暖众阴。治天下，当逆取顺守，归附者尊荣之，悖逆者抑制之，恩威并用，乃成王道，全赖所用属下为持正守中之人。

上六，比之无首，凶。

《象》曰："比之无首"，无所终也。

上爻多有过亢、狂悖之义。阴居阳上，犹言犯上作乱，其道不正，仍不能自敛，自以为乃众阴之首，比辅于天下而越于君，比附众阴而不能从中正以顺乎阳，必行凶逆之事。上六居众阴之上，自以为能凌君摄政，最终死无葬身之地。自古悖逆狂乱之辈，皆自以为得众，不察附从者多为阴险小人，其又不居阳刚中正之位，终被剿灭。

今按：比卦所言之比辅，实则为臣之道，可与乾之君道对读。人之为臣、为下、为属、为佐时，当比道以慎、比德以正、比亲以速、比君以公、比众以亲、比下以心，方可上辅于君，下亲乎民，尊卑有序，成一时之业。不可自恃一时之力，狂妄悖逆，最终自酿苦果。

小畜卦第九

☰小畜：亨。密云不雨，自我西郊。

小畜乃小有畜积。全卦一阴而畜众阳，以柔畜刚，以小畜大。上巽下乾，如风行天上，有云无雨。西、南为阴，东、北为阳，故一阴之弱，不足以天地交泰。

《彖》曰："小畜"，柔得位而上下应之，曰小畜。健而巽，刚中而志行，乃亨。"密云不雨"，尚往也。"自我西郊"，施未行也。

六四柔顺，比于九五，众阳爻皆应之，故君子当顺志而行，小有亨通。易以阴阳中和持正为法，一阴虽顺，然其弱而不能固阳，阳必散漫。皆因阴之格局小，阳之事业大，阴能持家，尽家足而已，不能助九五成大业。虽有雨之象，不能润泽天下，乃坤恩不足之故。

《象》曰：风行天上，小畜。君子以懿文德。

巽风乾天，风行万里。然不能成大事者，在于德风不至，故君子当辅以礼乐教化以成之。易爻运行，需上下兼顾。既能事上，又能泽下，方呈吉象。六四依赖于九五，犹言妇仅依顺于夫，不能助其事业，分担其苦乐。重臣仅听命于君王，而不能守其职，非良臣也。虽亨通，而不能成大业也。当依礼而行其道，守职而成其德。

初九，复自道，何其咎？吉。

《象》曰：“复自道”，其义吉也。

初阳居乾下，上应四六之阴。一阴一阳谓之道，二爻相应，自合于道。其不能进，在于九二、九三阻隔之故。与其坐而待之，不如回归本位，守潜龙勿用之心，安分守己，故无咎。复自道，应乎六四，而不苟同。时运不济，机遇不至，当收敛本志，做该做之事，有所积累、积聚。

九二，牵复，吉。

《象》曰：牵复在中，亦不自失也。

六四柔得位，群刚所应。九二承初九，又居中和之位，与六四有相望之意。因其居于中位，故有心而无行，与初爻相牵连，当行中正之道。

九三，舆说辐。夫妻反目。

《象》曰：“夫妻反目”，不能正室也。

舆为车，辐为车轴附件。说，通脱，犹言车脱轮。实言家事不宁，九三迫近于六四，为阴爻所制。易卦阴乘于阳则不吉，一如夫不能制妻，必有反目之凶，倾家之险。阳刚阴柔，若夫贤妻顺。若妻不守妇道，不行坤德，凌于夫上，则家不和，事不成。

六四，有孚，血去惕出，无咎。

《象》曰："有孚惕出"，上合志也。

六四居上卦下位，又能持阴柔之。九五之阳刚，给予信任、支持、安抚，使六四疑虑渐消。血，恤也；惕，忧也。君子持家，男主外而刚健，女主内而柔顺，方可家事和睦。六四凌九三，则夫妻反目；六四应九五，则忧惧皆去，犹言妻顺，方可和家。

九五，有孚挛如，富以其邻。

《象》曰："有孚挛如"，不独富也。

君子居家，内怀诚信，能率众阳而成大业。六四有辅佐之美，家业兴旺，与邻共享其福。挛如，相提携也。古之观念，以妻为财，一则财货也，二则持家也。有贤妻之良，家人和睦；有贤妻之善，能与邻相处。下三阳皆仰望六四，犹言以财货与共。子路所言"愿车马，衣轻裘，与朋友共"，殆此谓也。

上九，既雨既处，尚德载，妇贞厉。月几望，君子征凶。

《象》曰："既雨既处"，德积载也。"君子征凶"，有所疑也。

阳极生阴，上九虽阳，势已尽而生阴，密云不雨之象必将终结。小畜之德已成：君子为阳，小人为阴。上九变阴，上卦为坎，坎之阴气过剩，君子心存疑虑。月满则亏，阳虚阴实，妇女阴鸷乖戾，阴迫阳，必有交恶，自然凶险。

今按：小畜卦言持家之道，在阴弱阳众、阴阳不调的情况下，如何实现家有小畜。全卦若无六四之阴，则为乾。正在此一阴居正，则家有积蓄，事有小成。阴虽不足，却可小畜，可知妇人持家之重要。此卦言贤妇持家之道，一则敛阳以潜，二则持中而守，三则安心以静，四则贤惠处顺，五则诚信有实，六则戒于焦躁，有顺应之美，方成小畜之道。

履卦第十

☰履：履虎尾，不咥人，亨。

履卦言践行之道，履者，礼也。乾天阳刚而健，兑泽阴柔而陷。虽有正道可持，然步履艰难，如履虎尾，不可不慎。若能履虎尾而无险，则敬慎、修养极佳，一如虎口脱险，方可亨通。

《彖》曰："履"，柔履刚也。说而应乎乾，是以"履虎尾，不咥人，亨"。刚中正，履帝位而不疚，光明也。

柔之行道，则内循阳刚。泽处下而内阴险，当悦慕乾之正直无私，方可脱险。泽之为象，一则己险，天性阴险，始终处于险地，则应改弦更张，修身养性，向乾刚之道方可脱险；二则他险，环境险恶，一时处于险地，须坚持自强不息，以直报怨，亦可脱险。能成就大事业者，必行乾道之正，无疚无悔，方可前途远大。

《象》曰：上天下泽，履。君子以辩上下，定民志。

天之刚在泽上，泽见天心之正，险而能守，陷而合道，非礼勿视、非礼勿听、非礼勿言、非礼勿动，步履得当，自能成事。君子做事，一需验心，知自我得失缺憾，方可自知。二需明志，知他人之志，团结志同道合者。能自知故能知人，能知人故能用人，以履之敬慎、坚守、践行，方可脱险陷而成事。

初九，素履，往无咎。

《象》曰："素履之往"，独行愿也。

初九居下，一如少年朴实无华，守拙守正，不引人注目。做成有意外之喜，做不成在意料之中，则行事无咎。人立身之初，需抱朴实、诚恳态度。既能求真知，又能得信任。少年做事，一戒浮华，二戒随意，唯实诚最为根本。

九二，履道坦坦，幽人贞吉。

《象》曰："幽人贞吉"，中不自乱也。

坚守正道，如行坦途，最利心静者行走。幽人，乃内心恬静之人，知正道何去何从。其所行事，持之以恒，坚持不懈，无胡思乱想、这山望见那山高之好高骛远。幽，不求他人欣赏，不慕一时掌声，能独处、能安守，面壁十年图破壁，坐怀不乱，宠辱不惊，才会吉利。

六三，眇能视，跛能履，履虎尾，咥人，凶。武人为于大君。

《象》曰："眇能视"，不足以有明也。"跛能履"，不足以与行也。"咥人之凶"，位不当也。"武人为于大君"，志刚也。

六三失位而不正，言君子做事，难免多有困顿，或有一叶障目，不见泰山之眇；有困于谷底，不知山高之险；有意欲远行，匮乏舟车之困。困顿之时，若贸然行事，一如履虎尾之凶险。此时欲有出路，需内坚强而外有持，一如武人从于明君，借助上位之力作为援引，变祸为福，逢凶化吉，方可脱险。

九四，履虎尾，愬愬，终吉。

《象》曰："愬愬，终吉"，志行也。

不入虎穴，焉得虎子？君子非避险也，乃能脱险也。自古能成就大业者，非不弄险也，乃能险中取胜也。临于险境，一要高度警惕，二要坚信阳刚之道，作为精神支撑，方能化险为夷。

九五，夬履，贞厉。

《象》曰："夬履，贞厉"，位正当也。

夬，决也。君子践行天道，毫不怀疑，永恒持久，犹言人之既认其理，必不生疑。能成大事者，用人不疑，临事不疑。一如天行健，再多艰辛，终能走为坦途。所为之事乃正当之事，最宜始终如一，大刀阔斧，不能畏首畏尾、三心二意。

上九，视履考祥，其旋元吉。

《象》曰：元吉在上，大有庆也。

上九多悔，此言反思脱险之道，一如躬身自省，知何以所成，何以所败，高而能思故无危，极而能省故无咎，方呈元吉之象，能祥能庆。

今按：履卦言君子行事之道，一为朴实而得人信任，二为坚持而得以行远，三为敬恭而得援助，四为谨慎而得脱险，五为刚健而得恒久，六为自省而得长进。循此六义，为学、立业、做事，何以得咎？自能通达矣！

泰卦第十一

䷊泰：小往大来，吉，亨。

内卦乾刚，外卦坤顺，言人内刚外柔，天大地小，坤外为小往，乾内为大来。柔顺在外，刚健在内，吉祥亨通。

《彖》曰："泰，小往大来。吉，亨。"则是天地交而万物通也，上下交而其志同也。内阳而外阴，内健而外顺，内君子而外小人，君子道长，小人道消也。

君臣、夫妻、父子皆可以天地比喻，上下交流、交泰则志气相投相合。阳主阴辅，泰应于立春，此时阳生阴降。君子阳刚之道日隆，小人阴险之道日消，故君子行事日趋吉利。

《象》曰：天地交，泰。后以财成天地之道，辅相天地之宜，以左右民。

地在上，乃地气下行；天在下，乃云气上蒸，天地交合而相感，最为通泰。君王制令，依天地之义，循四时之法。行政合天地运行之道，方可以治。阴居于外而在上，阳处于内而在下。阴阳交合，两气交感，天地相通，万物安泰。

初九，拔茅茹，以其汇，征吉。

《象》曰："拔茅""征吉"，志在外也。

万事万物同类相聚，茅生于地下，能离阴向阳，犹如阳气昭昭，君子外发，故有吉兆。初九为阳，上应六四，阳生而阴应，一如向上之志得人应和。

九二，包荒，用冯河，不遐遗。朋亡，得尚于中行。

《象》曰："包荒""得尚于中行"，以光大也。

荒，水广也。徒步涉水，喻君子行事，虽有前景，却无坦途，需亲自渡河，方可无所遗漏，百无一失。故当包容万物，广纳贤明。面临险阻，自有懦弱者退却，志不同者远遁，异心者祸害。此时最能验出同志之心、朋友之谊。君子处于险中，有诸多同道者冷眼旁观，此或为坏事。一则能辨析朋友之真假，以绝后患。二则即便此时孤军奋战，毕竟九二上应乎六五，仍能依靠守正之道而获得护佑，关键皆在坚持光明伟业。

九三，无平不陂，无往不复。艰贞无咎，勿恤其孚，于食有福。

《象》曰："无往不复"，天地际也。

九三处天地相合之际，平而能分；又处天地相交之间，天阳将尽而合于地阴，即将离开地归于阳。犹言君子身处重大变故之际，此时最须坚贞，不要松懈，便能获得福报。

六四，翩翩，不富以其邻，不戒以孚。

《象》曰：“翩翩，不富”，皆失实也。“不戒以孚”，中心愿也。

六四有轻薄之象，一如蝴蝶翩飞，以阴柔凌于众阴，看似在上，实则与众阴为伍，有名无实。若能发乎本心，诚实对待同行之戒备，使人了解自心实诚，或可弥补。

六五，帝乙归妹，以祉元吉。

《象》曰：“以祉元吉”，中以行愿也。

帝乙嫁女于文王，商周和好。六五为泰卦之主，屈尊而下应就阳。上合阴阳，下合礼义，犹言无天子之位而诸侯拥戴，在于谦和处中，最为吉祥。

上六，城复于隍，勿用师。自邑告命，贞吝。

《象》曰：“城复于隍”，其命乱也。

城墙倾覆，不可出兵，坤居上，有用阴之众。然坤阴乘阳，焉能顺利，其行必不顺。何以无咎？坤阴沉潜，休兵防守，当行高筑墙、广积粮之道。申明不下，安守本分，此种情况万事不顺，不必贞问。

今按：泰之能吉，在乎阴阳相通。阳之炎上，阴之润下，上下相交故通，上下相通故吉。初爻向上而有应，二爻处险而守中，三爻贞信而有报，四爻实诚而能处，五爻处下而能谦，六爻处危而能安。泰之小往，在于其爻有序而能应；泰之大来，在于阴阳相应而能融。能融者，势也；能应者，时也。合时应势，则吉而能亨。

否卦第十二

䷋否：否之匪人，不利，君子贞，大往小来。

天地何以否？天本在上，地本在下，此乃先天之格局，天高高在上，地沉沉在下，互不来往，人何以生存？天要下雨，地要蒸腾，天地方才氤氲。天地互不通气，喻万事闭塞不通。阳气上行，阴气下潜，君子居其中，则阴阳相背，非不利于事，实阴长阳消，造化弄人。

《彖》曰："否之匪人，不利，君子贞，大往小来。"则是天地不交而万物不通也，上下不交而天下无邦也。内阴而外阳，内柔而外刚，内小人而外君子，小人道长，君子道消也。

古语言天时、地利、人和者，天下大乱，人和固重于天时、地利。但天下安定时，若无天时、地利，人和亦散。就自然而言，天地不和不睦，万物难以生长。就人类而言，治者失百姓所望，百姓不知治者之意，天下必然昏乱。此卦阳气居外，阴气居内，犹言君子居外，小人居内。内柔外刚，外强中干，实小人得志而君子失位。

《象》曰：天地不交，否。君子以俭德辟难，不可荣以禄。

天居上而避下，地居下而塞上。阴阳睽违，上下相离，小人得势，君子只能避居于野，隐居简约，任凭小人祸害家国，坐观其变。

初六，拔茅茹，以其汇，贞吉，亨。

《象》曰：拔茅贞吉，志在君也。

泰卦初九拔茅，否卦亦如此。以茅取象，以示类似，然环境不同，结果有差。否之初六为阴爻，应九四；泰之初九为阳爻，应六四。泰卦六四柔顺于九五，故吉。否卦九四居上乾之初，有呼应于君之意图。初爻居下，有上应之心，犹如有志青年，能从类而秀出，虽结果难料，然其志尚能亨通。

六二，包承，小人吉，大人否，亨。

《象》曰："大人否，亨"，不乱群也。

上下卦二五相应，阴爻顺承于阳爻，小人居内为吉，君子居外为难。君子求诸己，小人求诸人，故小人为君子所容为吉，君子为小人所容，则失君子之道。小人得志之时，君子不入小人之道，不与小人同流合污，虽一时艰辛，终不失持正之道。世上最难之事，并非君子坦荡荡，而是君子走投无路，屈服于小人，最终被同化。君子不屈从，不与小人合群，洁身自好，虽一时困顿，却终能脱身而去。

六三，包羞。

《象》曰："包羞"，位不当也。

君子若放弃立场与原则，误入小人之群，行小人之事，最终必然蒙羞。六三不中正，不当位，处下卦之上、上卦之下，最为难守。君子思不出其位，名不正言不顺，言不顺事不成，既然不中、不正、不当位，何必多言多事而自取其辱？

九四，有命无咎，畴离祉。

《象》曰：“有命无咎”，志行也。

九四阳居阴位，显然不正。因有九五为依靠，犹如奉命行事，与九五同志，自然无咎无忧。九四为阴位，阳爻居阴位，于此卦之中，寓小人之阴被君子之阳所扭转，会痛改前非，弃暗投明，追随君子之道而获得福祉。

九五，休否，大人吉。其亡其亡，系于苞桑。

《象》曰：大人之吉，位正当也。

九五纯阳，得位、得正、得志。小人之否休止，阴霾一扫而空，君子之道终于回复。此时之吉，乃阴暗中之暂时光亮，需警惕其心。否卦整体闭塞不通，此爻之吉，乃苦尽甘来、苦中作乐之相。泰卦整体通达，故有爻不利，无非一时零落之感。审卦方可明爻，然爻之断，不可离卦。此一时侥幸之吉，犹如系羊于草丛中，看似有根，实则无依，须心存戒惧，方可持吉。

上九，倾否，先否后喜。

《象》曰：否终则倾，何可长也。

否卦闭塞，上九乃寓闭塞不通至于极致，犹言黎明前之黑暗，有否极泰来之象。君子一扫前往之郁闷、阻塞、困顿，经过谨慎、戒惧，终于苦尽甘来，走出黑暗。最终感慨：小人之道虽阴沉，然终究会消退，如乌云遮不住太阳。

今按：否卦言人生最为困顿之境遇。君子于此时，一要急流勇退；二要拒绝利诱；三要避免冒进；四要竭力勉行；五要小胜不骄；六要坚信善道。此卦有否极泰来之象，以鼓舞面临困境之君子；又有居安思危之意，以求身康事成、家宁国安。磨难，自古不是用来消灭君子，而是用来铸就英雄。

同人第十三

䷌同人：同人于野，亨。利涉大川，利君子贞。

同人卦言如何与人相处。此卦无一爻为吉，王弼叹为不泰，可知此“同人”，乃同甘苦共患难之同道中人。言“同人于野”，正取此意。任何艰难险阻，有志同道合者相互鼓励、相互帮助，定能度过险阻。其前提在于行君子守正之道。

《彖》曰：“同人”，柔得位得中而应乎乾，曰同人。“同人”曰：“同人于野，亨。利涉大川”，乾行也。文明以健，中正而应，君子正也。唯君子为能通天下之志。

六二、九五刚柔相济，犹如志同道合。艰难之中，君子偕行，需要内文明而外刚健。文明则操守于中，果敢于外，内外合一。艰苦无奈之时，最能看出远近亲疏，最能体会温热寒凉。能于艰难之中一起坚持者，赖君子之刚毅。此时最能看出谁为有志之士，可以与之声气相通。

《象》曰：天与火，同人。君子以类族辨物。

火能炎上，与天亲和。犹如同道中人，意气相投。此卦告诫君子要学会辨析同类，找到真正知己，或创业，或做事，能分清何者可亲、何者可疏。没有慧眼识人、用人，焉能成事？

初九，同人于门，无咎。

《象》曰：出门同人，又谁咎也。

同门曰朋，同志曰友。初试身手，要能团结伙伴、同学，作为援引，彼此同心同德，乃不至于有灾祸。儿时、读书时所遇之人皆单纯天真，此时若不能与大家和平相处，工作后的待人接物更难预料。

六二，同人于宗，吝。

《象》曰："同人于宗"，吝道也。

宗，同宗之人，犹言家族之人。初爻有远行出门之象，此时尚徘徊于家室之中，不是怜惜，而是保守。六二居中，上下阳爻得位，易生安于现状之感。君子做家族事，需用家族人；做天下事，需用天下人。若一味惦念血缘、家族、亲朋，则格局狭窄。君子四海之内皆兄弟，若不能超越家族局限，齐家之后不能治国，焉能平天下？

九三，伏戎于莽，升其高陵，三岁不兴。

《象》曰："伏戎于莽"，敌刚也。"三岁不兴"，安行也。

潜兵草莽，登陵察敌，严阵以待，以守为攻。此乃君子卧薪尝胆、夙兴夜寐之时，能沉潜数载，方可转危为安。九三居于众阳之下，常有仰望之态，自以为合于乾道，实则同象不同类，有自作多情之虞。其虽为阳爻，位于可上可下之际，最不宜盲动冒进。一则没有位置，二则没有机会，三则没有援引，只能静悄悄安守本分，励精图治。

九四，乘其墉，弗克攻，吉。

《象》曰：“乘其墉”，义弗克也。其吉，则困而反则也。

墉为高墙，君子欲应九五，须逾越屏障。屏障之高，一如所攻之城高拔，只能智取，不能强攻。君子进取，知难而进，知困必反，反于心性修炼，慎躬自省，反求诸己：一则为人有无失察？二则做事有无失误？人最怕走投无路时还不知反省。能知彼者胜，有自知者吉。人生焉能只进不退？守成、撤退也需要勇气和魄力。

九五，同人，先号咷，而后笑，大师克相遇。

《象》曰：同人之先，以中直也。大师相遇，言相克也。

哀兵必胜，君子惺惺相惜，历尽磨难，擦干泪水，从头再来，终于赢得群雄归心，天下响应。往昔之苦楚、心酸，皆能化作胜利之微笑。九五当位，下卦离卦内藏甲胄之象，象大军会师，豪杰云集，四海挥戈而定。

上九，同人于郊，无悔。

《象》曰：“同人于郊”，志未得也。

上九乃外卦之极，同人诸爻皆有警惧之意。同仁做事，但求尽心尽力，无怨无悔。上九疏离，不争不弃，有仁厚之德。虽志未得，然付出即心安。何时能得？下卦大有也。

今按：君子交友，必求同道中人；君子做事，必同仁人志士。此卦言如何笼络天下豪杰，一要和于同门；二要超越亲族；三要适时守成；四要反躬自省；五要刚正执中；六要功成身退。君子做人做事，当能团结同道，会盟四海，如此方可至于大有。

大有第十四

☲☰大有：元亨。

大有乃自屯卦以来收成之象，自小畜之谨慎戒惧，终至于此有所成。此卦以五阳奉六五，乃明主在位，群贤毕至。团队中无小人，皆君子，上下相应，彼此敬重，一派祥和。

《彖》曰：“大有”，柔得尊位大中，而上下应之，曰大有。其德刚健而文明，应乎天而时行，是以元亨。

大有言收获，六五居尊，中正合德，内刚健而外文明，日行天上，合乎道，应乎时，顺乎事，故凡事亨通。

《象》曰：火在天上，大有。君子以遏恶扬善，顺天休命。

离为火，乾为天，有日丽于天，万象更新。君子当如乾阳之善，居于尊位而能柔弱处之，内怀仁厚。虽有阴弱，化为谦和，可顺天承明而治理天下。

初九，无交害，匪咎。艰则无咎。

《象》曰：大有初九，无交害也。

初九居下，上承群阳，自然不与恶害相交，何有过错？即便此时深陷艰辛，亦无咎无害，何也？纯阳之体，立身之正。万事开头难，即便未来能成就事业，点滴积累，艰辛度过，方可日渐通达。

九二，大车以载，有攸往，无咎。

《象》曰："大车以载"，积中不败也。

大有旁通比卦，比下卦为坤，一如大车载之有乾。乾行中正，君子负载事业，任重道远，不可须臾轻忽，亦不可丝毫懈怠。勤勤恳恳，日知其所亡，月无忘其所能，方可不断积善，避免中途而败。

九三，公用亨于天子，小人弗克。

《象》曰："公用亨于天子"，小人害也。

公享天子乃礼遇，何则？君子阳刚处阳位，统御众阳，至忠至诚。六五居上，九四阳爻居阴位，不当位，有过亢之感。君主依赖九三之正，以统御众贤。六五虚心纳贤，九三为贤中之贤，故得以尊崇。此所谓小人，一谓九三在下卦之上，偶有悔吝之感，此时宜守君子之道，勿生悖逆之心，可坦然面对君主。二谓九三居于九四之下，九四失位，一如小人居上，易亢迫九三，亦需警惕。如果彼此持正，则无咎无害。若有贰心，彼此受害。

九四，匪其彭，无咎。

《象》曰："匪其彭，无咎"，明辨哲也。

九四刚强居阴柔下，实乃权臣事君，易生骄狂。彭乃盛多而不正。如果凌君犯上，必然受害。放弃僭越逼迫之事，可免除灾祸。君子当明辨形势，不宜狂妄幻想，以生祸乱。自古忠臣奸臣、重臣权臣皆在一念之间，以大事小以仁，以小事大以智。不居功，不自傲，文王以三分有其二的疆域事殷，唯其仁也；武王一战而定天下，唯其义也。

六五，厥孚交如，威如，吉。

《象》曰："厥孚交如"，信以发志也；"威如之吉"，易而无备也。

六五居尊，有诚信谦和之美，群贤毕至，渊静而生威严庄重。明君在上，多能诚恳以服下，君臣志意通矣；自谦而谦人，自重而重人，自信而信人，自立而立人。行政简易，表里如一，不备而天下备，心安而天下安。

上九，自天祐之，吉无不利。

《象》曰：大有上吉，自天祐也。

日行天上，如天佑之，天德无私。君德有恒，天人合一，一如阳光普照，万物欣欣向荣。上爻多有悔吝之意，因六五谦和，上九如天笼盖，故无往而不利。

今按：余读《周易》，最羡同人之相恤，最喜大有之共享。大有之富，富在妥善安保：一曰谨慎交友，不虚不耗；二曰善守中道，不偏不倚；三曰恭敬事上，不亵不慢；四曰富而好礼，不骄不傲；五曰诚信谦和，不卑不亢；六曰顺天合道，不离不弃。能得富贵者易，能守富贵者难，读卦于此，尤叹三世而斩者，皆不明此中所寓之深义矣。

谦卦第十五

䷎谦：亨。君子有终。

《韩诗外传》卷四："夫《易》有一道焉，大足以治天下，中足以安家国，近足以守其身者，其惟谦德乎？"谦有退让之美，君子循乾以进，守谦以退，可以善始善终。

《彖》曰：谦，亨。天道下济而光明，地道卑而上行。天道亏盈而益谦，地道变盈而流谦，鬼神害盈而福谦，人道恶盈而好谦。谦尊而光，卑而不可逾，君子之终也。

天在上，天道下济，或风行雨施，或普照万物；地处下，柔气上行，与天交通，阴阳和合，天地通泰。天行健，其不盈而增益谦德；地势坤，其不溢而充满谦德。骄傲自满者鬼使神差而受害，谦虚谨慎者神差鬼使而受益，乃人世间福祸、盈亏变化之常道。故君子当容众而虚心，谦虚为怀，卑下以牧成其事，则不被凌越。

《象》曰：地中有山，谦。君子以裒多益寡，称物平施。

谦卦以空谷藏峰象征虚怀若谷。君子做事当行天道，损有余而补不足，取多而济少，公平行事。

初六，谦谦君子，用涉大川，吉。

《象》曰："谦谦君子"，卑以自牧也。

君子初出茅庐，守拙处卑，以谦逊退守自我勉励，自我约束，自我鼓励，勇气生生不息，可以越过险阻。

六二，鸣谦，贞吉。

《象》曰："鸣谦，贞吉"，中心得也。

久而持谦，则逐渐获得大家认同，此非外加，乃用内心谦和，赢得他人尊重。

九三，劳谦，君子有终，吉。

《象》曰："劳谦，君子"，万民服也。

劳，兢兢戒慎。劳而不伐，有功而不自持，为谦之大。一如《老子》所言："生而不有，为而不恃，功成而弗居。"功成身退，天下心服口服。

六四，无不利，㧑谦。

《象》曰："无不利，㧑谦"，不违则也。

㧑，举也，挥也，宣也，乃张扬谦德。六四上近君位，下临功臣，处二者之间，必守谦和法则，方可得位处正。

六五，不富以其邻，利用侵伐，无不利。

《象》曰："利用侵伐"，征不服也。

六五阴居君位，虽有谦德，惜群阴相聚，不能相济相生。

六五必须行君王征伐之权，以阳刚而驭众阴，方可于群阴之中独立，一振而定天下。

上六，鸣谦，利用行师，征邑国。

《象》曰："鸣谦"，志未得也。"可用行师"，征邑国也。

谦之极致，乃有所作为，而非以谦为谦。爻至于上六，必变谦退而为进取，礼乐不能服者，必用师旅征伐之。乾、坤二道，各至其极，谦有坤德之容，而乏乾纲独断之力。故六五、上六皆取兵象，正合无为无不为之意，乃韬光养晦而后有所作为。古人以"至公以奉上，鸣谦以接下"为训，正取此意。

今按：谦，非务平庸，乃欲有为。谦而和，用于人际；谦而刚，用于功业。谦卦之义，一守卑下，二合中正，三宜勤劳，四在居下虚心，五在居尊谦和，六在退而有守。谦下有持，谦中有守，谦上有为，乃成其事、行其道。

豫卦第十六

䷏豫：利建侯行师。

豫卦言豫逸之道。唯有九四呈快乐吉祥之意，余皆不吉。何也？能乐者，非自身快乐，当与民同乐。文王作《易》，本出于忧患，何能安逸享乐？可知安乐，皆出于忧患之中。故有备无患，方可建国用兵。

《彖》曰：豫，刚应而志行，顺以动，豫。豫，顺以动，故天地如之，而况建侯行师乎？天地以顺动，故日月不过，而四时不忒。圣人以顺动，则刑罚清而民服，豫之时义大矣哉！

震为动，坤为顺，豫之安乐，在于顺性而动。全卦以九四统领众阴，刚志能行。震为长子，最能体现乾父刚健之德，为万物楷模，利于建国用兵。君子做事，法则天地之德，刚柔相济，依四时运转而不悖，恩威并用。豫卦之豫，不在安享，而在谨慎。唯有顺时作息，法天顺地，方可安然从事，自能逸豫。

《象》曰：雷出地奋，豫。先王以作乐崇德，殷荐之上帝，以配祖考。

豫之乐，非己乐，乃和天地秩序而安享、安乐。今人所思逸豫者，无非犬马声色。然古人作乐，非在耳目，乃求心志，以礼别异，以乐合同。安乐取乎德义，非在于声色之娱。故每逢娱乐之时，更当慎思德行，与民同乐，与天配德，方不致得意忘形，乐极生悲。

初六，鸣豫，凶。

《象》曰：初六“鸣豫”，志穷凶也。

自鸣得意之安享，必有凶险。初六居下，一如小人阴柔。居于阳位，位不当，事不成，有何得意可言？此时此处能洋洋得意者，多浅薄、无知、狂妄之辈，安能不凶？

六二，介于石，不终日，贞吉。

《象》曰：“不终日，贞吉”，以中正也。

六二、六三、九四合爻象艮。六二居艮山之下，又在内卦，当位居中。犹言先天当位，后天失位。静则当位，动则失位，宜守介如石，当因顺待机。若刚硬处事，则不能持久。此时须身段柔软，与世浮沉，方可寻得出路。

六三，盱豫悔，迟有悔。

《象》曰：盱豫有悔，位不当也。

盱，仰视，或有佞媚之貌。六三承九四，居下卦之上，有逢迎之态。阴爻居阳位，多为外刚内荏，实则空虚无聊。阳奉阴违，谄媚取笑，必然招辱。若有悔改之心，方可免侮。

九四，由豫，大有得，勿疑，朋盍簪。

《象》曰："由豫，大有得"，志大行也。

九四为卦主，一阳统众阴。其毕竟阳爻居阴位，一如内有阴险而外行刚健，须摈弃狐疑，持守善道，代行九五之尊，犹如周公辅政，尊王攘凶，可得众人理解、拥戴。于此处境，最宜众志成城，亲睦友邻，互致其福，方能有得。

六五，贞疾，恒不死。

《象》曰：六五"贞疾"，乘刚也。"恒不死"，中未亡也。

六五阴爻居阳，看似失位，实则有惊无险。何则？九四辅佐，六五谦和。虽君臣失调，尚不至于倾覆。一如看似有疾，病不至死，皆因九四虽刚，六五与众阴爻相和相应，处中位之道，与九四成地天之泰，臣正君谦，上下平衡而不败亡。

上六，冥豫成，有渝，无咎。

《象》曰："冥豫"在上，何可长也？

冥乃暗无天日。此时逸豫，一为无知，二为无耻。犹如飞蛾扑火，必有灾殃。上爻多取极而悔之意，前之警惕，于此玩忽，只有弃纵乐之心，方可无咎。六二当豫之时不能豫，六五当豫之位无法豫，唯独初六最需努力，不可自鸣得意；上六最需警惕，却一味纵乐，不知乐极生悲，如若悔改，苦尽甘来，方可远祸。

今按：豫卦之乐，在于顺势而动，与天地同泰；顺时而动，与百姓同乐；故君子乐而不荒，愉而不荡，小处不豫，以致最终大豫。故一不宜初见成效，自鸣得意；二不宜抛弃中正，寻欢作乐；三不宜谄媚取笑，沾沾自喜；四不宜心存狐疑，忘乎所以；五不宜屈尊降贵，无聊调笑；六不宜纵乐无端，不知悔改。豫卦虽名为豫，何豫之有？故云：君子之豫，在于不豫，是以能豫。

随卦第十七

䷐随：元亨，利贞，无咎。

随卦言择善而从之道，内卦动之以德，外卦说之以言。天下咸慕其行而随从之，择善而从，从善如流，四德具备，故无咎。

《彖》曰：随，刚来而下柔，动而说，随。大亨，贞无咎，而天下随时。随时之义大矣哉！

随卦初九、九四居阴爻之下，内卦为震，外卦为兑，有动而悦之象。雷主春，泽主秋，春秋代序，天下循时而动，取顺时、顺应、顺从之意。

《象》曰：泽中有雷，随。君子以向晦入宴息。

泽主收藏，雷主运动。君子行事，有动有静，静为动根，故君子动则自强不息，静则宴息安定。晦，暗也，一言君子日出而作，日落而息，为随时；二言卧室昏暗宜于养阴，故君子守其宜，为随处。

初九，官有渝，贞吉，出门交有功。

《象》曰："官有渝"，从正吉也。"出门交有功"，不失也。

渝，变也。震主动，初爻无所应，前途未卜。此时一要改变自我，不断充实完善；二要随正而行，不断精进，方可利于发展，出门行正，有所建树。

六二，系小子，失丈夫。

《象》曰："系小子"，弗兼与也。

六二阴柔当位，杂于阳爻间，其近于初九，而远于九五，阴附于阳为用。六二若依附于初九，犹如上位者听命下人，终不能与九五同志。君子俯仰宇宙，不断超越自我，向更高更远处发展。若卑媚下流，虽可维系一二小人，必将失去高拔者之援助。

六三，系丈夫，失小子。随有求得，利居贞。

《象》曰："系丈夫"，志舍下也。

六三承六二，舍初系四，志慕上流；志在九五，而疏远初六之小子，犹言更上层楼，不斤斤计较于小事。九四失位无应，六三相随求之，惜其不当位，又有攀援之心，似有不当。九四、九五皆阳，有心向光明之意，或有收获。六三失位，须守正，方可有成。

九四，随有获，贞凶。有孚在道，以明，何咎？

《象》曰："随有获"，其义凶也。"有孚在道"，明功也。

九四为六二、六三追随，二者为阴，六三失位不正，内藏阴险之虞。六三、九四均失位。失位者，一则阴阳不在其位，二则爻象不守其正。九四当阴而为阳，六三当阳而为阴，二者相合，乃君不君、臣不臣之象，沆瀣一气。由此之获，必为不义之财，故其藏凶。何可脱险？心存公诚，著其信义，明其功德。处于九四之境，只有开诚布公，摈弃私欲，方可化险为夷。

九五，孚于嘉，吉。

《象》曰："孚于嘉，吉"，位正中也。

九五刚直诚信，履中居正，堂堂有廊庙之器，守善守中，呈吉祥之意。由此可知，欲成大事者，虽历尽千险，终归之中正，方可持久。

上六，拘系之，乃从，维之，王用亨于西山。

《象》曰："拘系之"，上穷也。

拘系之事，或谓九五拘系上六，或谓上六极获随从。上六多有过正之虞，于随卦此爻承刚无应，孤独无依，遂生疏离之感、叛逆之心、远遁之意，有摆脱跟从、自以为是之态。九五勉力维系，恩威并施，使之不致叛离。

今按：随卦言追随、护随之法。追随者期慕高远，乃欲超越自我，当随时端正态度，随处安分守己；护随者提携后进，当勉力勉行，苦心经营。随卦六爻皆言此义：初则卑下迁善，二则勉力向善，三则守正完善，四则改过补善，五则精诚守善，六则悔过求善。唯有随时、随处合于善道，非必有誉，终无咎矣。

蛊卦第十八

☶☴蛊：元亨。利涉大川，先甲三日，后甲三日。

苏轼《东坡易传》言器久不用而蛊生之、人久宴溺而疾生之、天下久安无为而弊生之，是言蛊有无端生事之意。蛊卦言治乱、纠补、救弊之义。是非之起，一为偶然，如老女惑少男之类也；二为必然，如狂风落山石之类。皆无法预料、无法改变，只能坦然面对，泰然处之，自然能化险为夷。

《彖》曰：蛊，刚上而柔下。巽而止，蛊。蛊，元亨而天下治也。“利涉大川”，往有事也。“先甲三日，后甲三日”，终则有始，天行也。

流水不腐，户枢不蠹。蛊之生，乃积弊、陈腐、古旧而引发祸患。其性阴柔，欲消除之，必行阳刚之道。君子德风，小人德草，风至而草皆偃。治久必乱，乱久必治。乱之终，治之始，此时之动荡，乃至于大治之途径。人生在世，最怕无所事事；国家治理，亦怕承平日久而不能革新。无论被动、主动，蛊能刺激系统反应，实乃好事。君子处理祸患，需前有预谋，后有安抚，有始有终。甲者，喻新政之初行，先有预案，后有坚守。

《象》曰：山下有风，蛊。君子以振民育德。

山为仁者，风为教化，君子依仁厚之心教化民众。百姓被蛊惑，皆因不明真相，欲处理此类动荡不安，在上者行阳刚、仁爱、果决之道，引导百姓认清真相、明辨是非，便能开化百姓，肃正风气。

初六，干父之蛊，有子，考无咎。厉终吉。

《象》曰："干父之蛊"，意承考也。

干，正也；初爻以纠正父辈弊乱为义，言继任者面对前任弊端，看似窘迫，实乃机遇。一代有一代之局限，前辈未竟事业，正待后来人。百废待兴，看似艰辛，却为初试身手之时机。纠补前任弊端，最忌着手便大张旗鼓，而应于继承中创新，坚守中改进，保证事业平稳过渡，而非剧烈转折。

九二，干母之蛊，不可贞。

《象》曰："干母之蛊"，得中道也。

母，亦言母辈。初六为阳位，犹言父亲去世，孩子纠正其过失。其在继任之初，便要坚守正道。九二犹言父亲去世，母亲随子，欲纠正其过失，不宜直来直去，应顺其性情，不可强求。九二居中而应六五，守中正之道，犹言其虽继任，前任影响力仍在，不宜过分坚持己见，而当保持中立，志向在中，柔顺在外，渐次寻求变通。

九三，干父之蛊，小有悔，无大咎。

《象》曰：“干父之蛊”，终无咎也。

九三为下卦之上，多有悔吝之意。自古救乱，必有矫枉过正之处，做事需适可而止，欲速则不达，适时反思，可避免大过失。

六四，裕父之蛊，往见吝。

《象》曰：“裕父之蛊”，往未得也。

裕，宽待、宽缓、宽容。若下卦有稳中求进之谨慎，六四已进入上卦，须大刀阔斧进行改革、力挽狂澜除弊。若此时仍然缩手缩脚，一看、二慢、三等待，失去时机，不能有为。君子居下，谨慎静修，谦虚恭让；君子居上，果决刚断，建功立业，此时若顾忌坛坛罐罐，裹足不前，虽言发展，实无成效；虽似前进，实无功劳。

六五，干父之蛊，用誉。

《象》曰：“干父用誉”，承以德也。

所谓用誉，一则纠补前辈、前任弊乱，自然能获得赞誉，此其表义。二则高度评价前任功劳，因其言，系其事，安抚前任遗臣，言己之所作，乃前辈未行之意愿，保证制度、事业平稳。承以德，言己之合法性、合理性。既然接任于前任、前辈，当不负前任器重、不负前辈选择。若幡然改途，对前任掘墓鞭尸，不仅失信，更是失德。

上九，不事王侯，高尚其事。

《象》曰："不事王侯"，志可则也。

上九处极，乃超脱前五爻之局限，置身事外，有功成身退之义。高人入世，在救世乱。乱世已平，若留守官职，乃贪图富贵，如此则为俗人矣。君子于此时，常逍遥自在，不贪恋权位，超然出世，洒脱身心。

今按：蛊卦言理乱救弊，以适时、适度、适用为原则。合理评价前任之功劳，方可稳定局势；适时有序进行政策调整，避免急政生变；妥善对待曾有过失的前任部属，获得诸多支持。故其要，一在承业以正，二在守成以待，三在宽缓有致，四在寻机突破，五在尊众乐群，六在功成身退。全卦以父、母、子喻如何处理前任与今任之关系，以言救乱人事、政策成败之关键。

临卦第十九

䷒临：元亨，利贞。至于八月有凶。

临卦言治下、统驭之道。君临天下，《左传》言“不行之谓临”，不行为静，正而贞定，守正持固，自然通达。临辟丑为阳息卦，始于子复，至八月变为遁卦。三阴既盛，三阳方退，小人道长，君子道消，阳盛极而衰，故八月有凶。

《彖》曰：“临”，刚浸而长，说而顺。刚中而应，大亨以正，天之道也。“至于八月有凶”，消不久也。

治理天下，当行阳刚之道。属下心悦诚服，在于合乾天无私、正直、刚强之道。时有转移，事有消长，八月将尽，阴气上升，阳气收敛。一如盛极必衰之道，君子失意而有凶憾。

《象》曰：泽上有地，临。君子以教思无穷，容保民无疆。

兑，教之无穷；坤，容之无疆。统帅众人，一须教民，鼓励鞭策，导其向善；二须容民，包容纳用，举贤选能。此卦以地泽为象，言教化治国、保民之道也。

初九，咸临，贞吉。

《象》曰：“咸临，贞吉”，志行正也。

初九在下，其既得位，又应六四，处下能应上，处上能应下。志行刚正而阳德具备，可以参与政事，感化民众，为初爻少有得志之象。

九二，咸临，吉无不利。

《象》曰："咸临，吉无不利"，未顺命也。

九二无往不利，在于其居下卦之中，行为端正。又与六五遥相应，犹言做事符合民众之愿。扎根百姓之中，性刚直而持正，自然无咎。六五谦和，与九二刚柔相济，无须顺命便合其意，以此呼应，未有不吉。

六三，甘临，无攸利；既忧之，无咎。

《象》曰："甘临"，位不当也。"既忧之"，咎不长也。

甘者，佞邪说媚不正之名。治国理政，最忌讳口蜜腹剑，花言巧语以欺世盗名。六三失位乘阳，下无所合，上无所应，弄巧成拙，无法成事。六三处于下卦之上，有悔吝之虞，其尚能反省，能改过自修，过失不会持久，即幡然醒悟。

六四，至临，无咎。

《象》曰："至临，无咎"，位当也。

六四居六五之下，能深入民间，知晓底层民众如何思考。其下应初九，阳气上行，能下情上达。又得位而正，阴气下降，能知己之身份，兢兢业业，亲近民众，则少有过失。

六五，知临，大君之宜，吉。

《象》曰：“大君之宜”，行中之谓也。

以大智慧驾驭大局面，成就大事业，必为大国之君。六五以柔居王位，守正中和，谦和有道；下应九二，任贤用能，辅国理政，尚同有德。君临天下，贤臣佐之，能垂拱而治。《中庸》言：“唯天下至圣，为能聪明睿智，足以有临也。”此之谓也。

上六，敦临，吉，无咎。

《象》曰：敦临之吉，志在内也。

上六言若能敦厚治国，必然无咎。何哉？上六处极，有监临摄政之过。其阴柔谦退之本性，使其无意乘刚。不理内事，敦厚在中，故可无咎无过也。

今按：临卦言君临天下之法、统治驾驭之道。治国理民，守正自可亨通，警戒方可无过，须知盛极而衰之理，只有防范盈满，才可长久临众。故初行职权，便需守正；进而做事，扎根民众；再而升迁，力避巧佞；渐至高位，尤需亲民；至于君位，处事睿智；退居二线，敦厚成事。居下者须阳刚果决坚持，居上者须柔和谦虚施惠。沉潜刚克，高明柔克，善行其位之德，善成其事之法，方能无咎无过。

观卦第二十

䷓观：盥而不荐，有孚颙若。

观卦以观礼言瞻仰、仰视之道。盥，香酒灌地以降神；荐，列献祭品；君子观礼，瞻盛不视简，故观盥而不观荐。礼之容，在乎诚敬，孔子言：“祭神如神在。”谓恭谨在中，庄严端正。此卦以观礼喻君子做人做事，心存敬慎。以此仰观天文，俯察地理，才能洞彻其理。

《彖》曰：大观在上，顺而巽，中正以观天下。“观，盥而不荐，有孚颙若”，下观而化也。观天之神道，而四时不忒，圣人以神道设教，而天下服矣。

九五以居正，一统众阴，有君子德风之象，浩浩荡荡，堂堂正正，故云大观在上。九五非仅象君者，乃指能通天地、察四时之慧者，能明道德、宣纲常之圣者。众阴必然心悦诚服，为明君、圣人、慧者所感化。自古折服众人者，必通天理、地道、人性。所谓神道设教，非所以愚民，乃行于教化。教化之要，在于使人知谨敬。孔子言君子“畏天命，畏大人，畏圣人之言”，小人不知天命而不畏也，乃有狎大人、侮圣人之言。君子心存敬畏，而小人自以为是，狂悖生乱，心无恒定，意无折服，行无约束，一无所成。

《象》曰：风行地上，观。先王以省方观民设教。

风行地上，有草必偃。观卦之观，非仅为瞻仰，乃以瞻仰养敬畏之心，体会天地之神圣、礼仪之盛大、秩序之威严。先王制礼作乐，非仅为仪式，乃以之养敬畏恭谨之心，以助教化。礼既需外铄，亦需内化，观于目，感于心，内外合一，方成教化之道。

初六，童观，小人无咎，君子吝。

《象》曰：初六"童观"，小人道也。

初六居下，一如幼童。若幼童观礼，不近视，亦不远观，看热闹而不知其义，参与而不究其理，此乃小人懵懂之态，足以原谅。若君子如此不懂而不问，则无益于学。孔子"入太庙，每事问"，何哉？君子观物，必探其原，必明其由，必知所以。故君子学思弗措，夙兴夜寐，不断精进；小人稍有成就，辄沾沾自喜，裹足不前。

六二，窥观，利女贞。

《象》曰：窥观女贞，亦可丑也。

六二阴爻守正，一如从内窥外，如女子端正持守。窥观之美，在于守中视外，以小视大。此乃女子安详端庄之貌，于男子则显小家子气。古时，男主外女主内，男子观天下，女子视家室。既为男子，当眼界开阔，气象轩昂。若如女子细腻敏感，不仅不能成事业，且为英豪所不屑。

六三，观我生，进退。

《象》曰："观我生，进退"，未失道也。

六三居下体之极，为有可进之时；又居上体之下，复此为可退之地。既为上下边缘，又能机动，则可进可退。其以阴居阳，失位不正。然下多阴而九五阳，未失仰观之理，故而进退之间，不至于失据。君子做事，难免疑虑，尤其于可进可退之际，最易怀疑圣人之言、大人之命、君子之理。此时若不生怠慢、悖逆之心，终能于一时困惑之后，回归正道，持守事业。

六四，观国之光，利用宾于王。

《象》曰："观国之光"，尚宾也。

六四居九五之下，为臣僚、为属官、为宾客、为弟子。处此位者，谦和守拙必吉，傲慢无畏必凶。九五既为君，行朝庙威仪，洋洋大观。于此若谦逊敬仰之，必为君主所敬重、国家所礼遇。古语以人之尊贵，喻做人适宜，处事得体，言谈举止得体得当，便得人敬重。

九五，观我生，君子无咎。

《象》曰："观我生"，观民也。

六三、九五皆以观我生为喻。六三进退失据而九五无咎，何也？在于六三不上不下，宜明确自身地位，而不当自以为万民之主，误判形势。其居于小人之上，无非小人也；若居于君子之下，亦不失为君子。六三不知进退，不知礼数，幸而六四谦恭尚无大失。九五君在位，观政于民，乃分内之事，方才无咎。若此时不能顺势用令，则为大过也。

上九，观其生，君子无咎。

《象》曰："观其生"，志未平也。

其，犹言"彼"。上九处极无所观，观乎九五治国，自省自敛，以之为刑，有成人之美、协助之力，无争夺侵凌之意，自无灾祸。故上爻退位，以成全、辅佐，终得敬重。

今按：周秦朝聘，入国观礼，非观钟鼓鼎铭，乃观风知其政、观乐知德、观礼知民。观之义，在于一叶知秋，一举一动知忠逆，一言一行知成败。《左传》《国语》多载行人聘问，以小知大，由来知往。观人者，人亦观之；观天下者，天下亦观之。君子须明观之道：一当观其深，知其表里；二当观其大，知其阔狭；三当观其宜，知其进退；四当观其智，知其臧否；五当观其明，知其得失；六当观其敛，知其取舍。君子作如是观，殆无其功哉？

噬嗑卦第二十一

䷔噬嗑：亨。利用狱。

噬嗑卦象啮合，义为刑罚，言明法度、守纪律之重要。治国理民要德主刑辅，礼法合治。此卦以治狱为义，言处置悖逆之事、作乱之人，不在于严，而在于公平恰当。

《彖》曰：颐中有物，曰噬嗑。噬嗑而亨，刚柔分，动而明，雷电合而章。柔得中而上行，虽不当位，利用狱也。

噬嗑爻象，上下为实，中空为虚，像口中容物，啮之则通。犹言事有阻隔、停滞，袪除则通达。遇事皆望一帆风顺、万事亨通，此却非天道。凡成事业者，均有困惑、迷茫、艰辛、隐忍，去除阻隔方能成功。由此历练，老其材，方可臻于至善。噬嗑，离柔震刚，雷动火明，喻刑罚之动，雷霆万钧，威严庄肃，响彻天宇。六五居上，其位不当，犹如形在于噬嗑，而神不喜刑罚。一言用狱非目的，意在警戒；二言憎恶用刑，方可用刑罚得当。

《象》曰：雷电，噬嗑。先王以明罚敕法。

雷威电明。刑罚之用，一在威严，使民不敢轻易触犯，畏法而知禁。二在公明，使民知枉法则必惩，守法则无祸。如此理民，刑至则德至，刑去则教化。

初九，屦校灭趾，无咎。

《象》曰："屦校灭趾"，不行也。

噬嗑之始，一喻下民触犯刑罚，稍加惩戒，即可纠正。二喻稍触刑罚，即令改正，小惩大诫，使其守法。犹言虽用法令，使民知其禁止，不至于重犯。《系辞下》言："小人不耻不仁，不畏不义，不见利不劝，不威不惩。小惩而大诫，此小人之福也。"乃谓此也。

六二，噬肤，灭鼻，无咎。

《象》曰："噬肤，灭鼻"，乘刚也。

六二阴柔居中居正，犹言用刑允执厥中。六二乘初九，一如官吏谦和而犯人刚直。用刑必重必严，方可使悖逆狂暴者深痛伏法，因而此刑虽过而无咎。

六三，噬腊肉，遇毒。小吝，无咎。

《象》曰："遇毒"，位不当也。

六三阴爻居阳位而失其正，一如自身有失；又处于不上不下之间，进退两难。腊喻不服，毒喻生怨，办案、用刑遭遇阻滞，内外交困。有六二为比，上承九四，需沟通上下，以为援助。虽稍有困难，而终无大祸。此爻言遇到困难，先要反思自己是否过失，尔后寻求弥补。最忌讳不当位、不居正，却固执己见，因而不知省，强词夺理，最终酿成大祸。

九四，噬干胏，得金矢。利艰贞，吉。

《象》曰："利艰贞，吉"，未光也。

噬咬干肉而嚼出金属箭头，一喻审案进入攻坚阶段，如嚼带骨干肉，须理清皮肉骨干，方可咽下。二喻审出意想不到的问题，需小心处置。九四位不正，一如有力无权，唯有谨慎小心，内行刚健，方可理清头绪。既需办案，又需不使暗藏之物之事伤害自己，此等小心翼翼，何其艰辛？只有如此方可趋吉。艰难中自守自保，虽可避祸，终不能通达，故曰未光。

六五，噬干肉，得黄金。贞厉，无咎。

《象》曰："贞厉，无咎"，得当也。

六五噬咬干肉而得黄金，犹言审案有果。六五居中居正，谦和有度，既已查明，便须严肃处理。六五处阳，以柔乘刚，噬物得中，刑罚必正，守正严厉，乃惩处奸邪之要务，故无咎。

上九，何校灭耳，凶。

《象》曰："何校灭耳"，聪不明也。

担刑枷于肩上，伤到耳朵。多次告诫劝阻，上九屡教不改，积恶弥深，屡犯刑罚。离为火为心，主明。其互卦为坎，坎为水为耳，主聪。火为水灭，犹言听而不明，无动于衷，最终必然遭到严惩。初九初犯，须警戒自安；上九惯犯，当严惩不贷。

今按：治狱之法，在乎中正。人非圣贤，孰能无过，过而能改，善莫大焉。用刑之德，在于谨慎。全卦以咎、吝、艰、厉、凶断各爻之义，乃告诫审案、用刑、用法要慎重。初九、九四、上九皆刚暴不正，犹如民不畏死，律令何以处之？幸六二、六五居中、居正、居尊，以柔克刚，以公去私，以正矫偏，最终维系安定。民狎而玩法故多死，望火而生畏故少死，雷厉而警惕故知避，刑罚不废而故教成。余读此卦，见其用刑之困难，立德之艰辛，常叹治道之不易，理民之良苦。

贲卦第二十二

䷕贲：亨。小利有攸往。

贲，本义为文饰，象征礼乐教化。知乐达礼，小言之为习惯，中言之为教养，大言之为修养。下卦离，上卦艮，日薄西山，光有所止。然天行有常，明日复明日，可等待时机，故小利。

《彖》曰：贲，亨，柔来而文刚，故亨。分刚上而文柔，故小利有攸往。刚柔交错，天文也。文明以止，人文也。观乎天文，以察时变；观乎人文，以化成天下。

阳刚在上，阴柔在下，犹言质本而文末。文质彬彬，君子修养如此，可万事亨通。天有日月星辰，地有山川河谷，纵横交错为天文、地文。人之文不在形貌，而在伦理道德。天文之变，可定时序；人文之化，可至文明。《周易》立卦，取天地之时序，以言人道运行。初、二、三爻为内卦，关乎个人取舍，得失在己。四、五、上为外卦，多涉家国境况，取于外因。

《象》曰：山下有火，贲。君子以明庶政，无敢折狱。

山下人居，火为文明之象。火主文章、光明，象征礼乐教化。君子修身，在于诚意正心；君子治国，在于礼乐刑政。若内含光明，外行教化，社会安定，不用折狱，便可政通人和。

初九，贲其趾，舍车而徒。

《象》曰："舍车而徒"，义弗乘也。

初九在下，为庶民之位。此时懵懂，所知礼乐，多为百姓日用而不知之习俗，当恭敬为之。舍车而行，徒步而走，犹言甘居末流，俯身做事，不求闻达。

六二，贲其须。

《象》曰："贲其须"，与上兴也。

自三至上，卦体呈颐象。六二在下，如胡须下垂，以喻礼容。六二居正，九三得位。故礼之合宜，乐之合拍，文明其质，是为君子。初、二爻皆无上应，只能同德同志，彼此呼应。

九三，贲如，濡如，永贞吉。

《象》曰：永贞之吉，终莫之陵也。

九三与六二相和合，阴阳相比，刚柔相济，各得其所，相互滋养，故永贞。犹言上下处事，各依其礼，各安其分，彼此和睦。既不存在此附属于彼，也不存在彼从于此，各守其正。喻礼至于内心，质待文而明诚。

六四，贲如皤如，白马翰如。匪寇，婚媾。

《象》曰：六四当位，疑也。“匪寇，婚媾”，终无尤也。

皤，白色；翰，马骏。君子风度，如玉之洁白无瑕，如马之英俊潇洒，内外合一，文质兼修。六四有应在初，阻隔于三，二志相感而不通，欲动而不达，欲静则不果，心存犹疑。此种犹疑，一如瞻马队前来，似为寇盗，实乃求婚之意。喻礼至于家室，守正以待，文待质而诚明。

六五，贲于丘园，束帛戋戋，吝，终吉。

《象》曰：六五之吉，有喜也。

礼乐丘园，喻礼至于邦国，行政民俗，居礼待贤，成贲之美。教化艰辛，终为吉祥。阳主喜，阴主忧，六五以柔处尊，阴行阳道，谦卑以自牧，文质彬彬。

上九，白贲，无咎。

《象》曰：“白贲，无咎”，上得志也。

上九处于贲极，绘事后素，复于无色，犹言遵从礼乐之于极致，便不必固守礼乐形式，纵心所欲而不逾矩。形式不尽合礼，却本乎人情，尽得贲之要义，自然无咎。

今按：礼因人情为之节文，忠信为本，形式为文，本立则文行。贲卦初与四、二与五、三与上，或应或比，交错为贲。礼乐之用，在于恰当得体。初爻不慕虚荣，二爻志在内修，三爻顺和礼义，四爻淡定素朴，五爻简朴庄重，上爻本真自然。礼乐文饰之道，一在合宜，恰到好处；二在简约，礼义为用；三在自然，不过不及。

剥卦第二十三

䷖剥：不利有攸往。

剥者，剥落、没落、失落。六爻中五爻为阴，唯上九硕果仅存，既不当位，又不居正，一阳不敌众阴。君子道消，小人道长。小人极盛，不利君子做事。凡此境地，君子当悬置才华，以待来复。

《彖》曰："剥"，剥也，柔变刚也。"不利有攸往"，小人长也。顺而止之，观象也。君子尚消息盈虚，天行也。

阳气被阴气剥落殆尽，阴损之力过于强大，将阳刚排挤到无所施用之地。此时小人掌权，沆瀣一气，时势极为不利。下卦为坤，其柔顺之气得不到上卦艮之呼应，外无援助，当韬光养晦。顺应天地运行规律，坚信阴气必然消亡，阳气自然成长，谨慎、从容、隐忍，以待时机。

《象》曰：山附于地，剥。上以厚下安宅。

山高于地，其险峻之势，终为销蚀，一如此卦层层剥落。于此外部侵袭之时，小人道长之际，君子当法地道：厚德载物，卑下安静，不慕虚荣，不尚虚利，不求虚名。

初六，剥床以足，蔑。贞凶。

《象》曰："剥床以足"，以灭下也。

床为安身之所。床足剥去，何以安之？所谓灭下，乃基础已毁。此犹言正道既灭，基础已坏，共识全无，最为交困之时，焉有不凶？此为无立足之地，且难有生发之机。

六二，剥床以辨，蔑，贞凶。

《象》曰："剥床以辨"，未有与也。

辨乃床梐，位于床足之间，为床之基本结构。基本架构被毁，组织已无，秩序已乱，世道人心已沦丧。此时主张，无人赞同；所有想法，无从实施。六二上无所应，大道既灭，何德可助？唯有静止停滞。

六三，剥，无咎。

《象》曰：剥之无咎，失上下也。

六三居于阴险之中，众皆剥阳。三独应上，暗中支持上九之阳道，能于群阴剥阳中，倾慕正道。其失去周围的支持，眼下艰苦，遭到非议，不能成事，若能向上、向阳、向善，最终可苦尽甘来。

六四，剥床以肤，凶。

《象》曰："剥床以肤"，切近灾也。

床之肤为荐席。阴杀之气极盛，阴祸切身。初六、六二、六三之阴由远及近，已惹祸上身，极为凶险。

六五，贯鱼以宫人宠，无不利。

《象》曰："以宫人宠"，终无尤也。

五阴相比，六五率之，犹言群小鱼贯投奔，邀宠于君。六五上合上九，有阳照耀。六五虽阴，统领群小，却不在险中，无害于正。

上九，硕果不食，君子得舆，小人剥庐。

《象》曰："君子得舆"，民所载也。"小人剥庐"，终不可用也。

阳在上可普照，却不足以温暖群阴。上九孤悬，有被群阴排挤、边缘、逆淘汰之虞。然上阳在极，众阴虽妒忌而无法影响之，一如硕果不被剥食。上就下三爻为坤象，如君子乘舆，民爱而载之。若上九不能守其阳，则卦变为坤，一如一阳剥尽，皆为小人，天下倾覆，无可救药。

今按：剥落之困，乃群小苟且，世道阴险，何以如此？阳刚不行也，君子于此境地，唯有隐忍、守拙，历诸委屈。虽属无奈，时势如此，只能卧薪尝胆。世上万事，无不有盈有亏，有起有伏。英雄失路托足无门之悲，坎坷亦为历练，险阻自成锻造。艰辛备至之时，空乏其身，方可转剥为复。

复卦第二十四

䷗复：亨。出入无疾，朋来无咎。反复其道，七日来复，利有攸往。

复卦象征循环往复之道。其以一阳出于众阴，喻阳刚回复、正道初兴。此卦蕴含丰富，以时令论如春回大地，以人事论如改恶从善，以形势论如生机乍萌。阳之初生为震而出，阴之始生为巽而入。因阳固守于内，故出入无疾。阳气若长至二，则成兑。兑为朋，阳气不断成长，如君子比邻，无咎无患。就消息卦而言，一爻主一月；就旬序而言，一爻主一日。此乃天行之常，依消息卦，剥自乾来，六个月剥尽则众阳成坤，至一阳来复需七个月，故言七日来复。阳气复生，君子道长，故利有攸往。

《彖》曰："复，亨"，刚反，动而以顺行。是以"出入无疾，朋来无咎"。"反复其道，七日来复"，天行也。"利有攸往"，刚长也。复，其见天地之心乎！

复之亨通，在于阳气返于震初，处事顺势而行。此非屯之初生，如春天阳气聚集生发。古人以五为成数，故六日、六月必生变化。阳极生阴、阴极生阳，剥卦之阴暗，必有复卦为救险，此循环往复之道。

《象》曰：雷在地中，复。先王以至日闭关，商旅不行，后不省方。

震为雷。春雷萌动，一阳复始，震闭坤门，天地尚未开化，可待而不可用。古之君王在阳气初萌之冬至日，闭关静养，不视察，不巡狩，商旅不行，应乎天道，以安天下。

初九，不远复，无祇悔，元吉。

《象》曰：不远之复，以修身也。

复自坤来，一阳初生，指日可待。前途光明，需守拙待之，修身处之。因初爻居正，于上有应，可无大悔。

六二，休复，吉。

《象》曰：休复之吉，以下仁也。

六二柔而居中，与阳相比，处上亲仁。一如屈己之尊，亲善仁人志士，修复善道，顺其时势，不劳而成。

六三，频复，厉无咎。

《象》曰：频复之厉，义无咎也。

六三居下卦之上，上无所应，近无所亲，进退无奈，颇为尴尬。以阴居阳，不中不正，又处动极，复而不固，屡失屡复，失复而危。然因困顿而知危，因失据而醒悟，终复归善道，自悔自新，复正则处顺。

六四，中行独复。

《象》曰：“中行独复”，以从道也。

六四当位曰中行，虽居群阴之中，然独此爻应初，以行复道，是为独复。卦有弃明投暗之爻，多凶；有弃暗投明之爻，无悔。其位不中不正，若能向往善道，遭逢凶险而不至倾覆。

六五，敦复，无悔。

《象》曰：“敦复，无悔”，中以自考也。

六五居坤体之中，有厚德载物之意。若以此回报一阳来复，报震卦之动，鼎力支持正义、正直、正派之人事，居中居正，处事敦厚，能助阳气来复，能助正事成功，能省察，可免悔。

上六，迷复，凶，有灾眚。用行师，终有大败。以其国，君凶，至于十年不克征。

《象》曰：迷复之凶，反君道也。

上六多偏离本卦走势而有转折之意。此爻不循行一阳来复，转而行阴险小人之术，遂误入歧途。难回复善道，必面临凶灾。上六看似有众阴可用，且比于六五。实则无应于内，远离复道。此时盲目用兵，终将失败。胜王败寇，国败君凶，临此窘地，只能休养生息，十年之后或可重整旗鼓。

今按：复卦之义，在于一元复始，其前景光明。因势单力微，虽合于正道，然不能操之过急。复善之道，在于培元。其一，初九之阳，如灯盏之明，需细心呵护，修身养性，成长为堂堂正气。其二，要能化邻为友成同志。其三，勉力鼓舞犹豫不决者。其四，坚守初志不气馁。其五，要敦厚以帅有志者。其六，成事时不得意忘形，艰辛时不轻言放弃。如此坚持，则善道可复，事业可兴。

无妄卦第二十五

䷘无妄：元亨，利贞。其匪正有眚，不利有攸往。

无妄卦言循时而动，随遇而安。其言亨通之道在于守正、合时、应理。震下乾上，动由天监。雷行天意，行顺刚健，故非礼勿动，非义勿行。若背离正道，易险亦陷，消弭希望。

《彖》曰：无妄，刚自外来而为主于内，动而健，刚中而应。大亨以正，天之命也。“其匪正有眚，不利有攸往”，无妄之往，何之矣？天命不佑，行矣哉！

震以初九之阳入内，为下卦之主。与上卦之乾健遥相呼应。九五阳刚处中，六二与之相应。犹言天意广博，上下顺畅，正道亨通。此时若有阴谋灾祸，不足以影响大局。大道荡荡、正气堂堂，无妄之事、无妄之人无立足之地，天不佑之。此时当息狂妄悖逆之心，令行禁止，悬崖勒马。

《象》曰：天下雷行，物与无妄。先王以茂对时育万物。

天下雷行，万物皆存敬畏之心。唯畏也故庄肃，唯敬也故恭顺。雷动则天下春，阳气升，万物顺时生发，不逆春令。治国如乾之刚健，理民如雷之万钧，顺时行政而育万物，与时谐行；顺势修德而养百姓，与时俱化。

初九，无妄，往吉。

《象》曰：无妄之往，得志也。

初九刚健处下，自有谦逊之态。上应九四，上下一心，志同道合。其追求长进，坚贞不屈，依其德义行之，即可通达。

六二，不耕获，不菑畬，则利用攸往。

《象》曰："不耕获"，未富也。

六二居中正之位，柔顺中和，应乎九五。虽身在草野，然应乾阳之正，志存高远，不以播种收获为意，不以耕田富家为念。乃言君子做事，非为稻粱之谋，乃高瞻远瞩，有立德、立功、立言之志，可勇往直前。

六三，无妄之灾，或系之牛，行人之得，邑人之灾。

《象》曰：行人得牛，邑人灾也。

六三阴居阳位，失正躁动。虽自身不妄，亦有意外之灾。何哉？位不正，时不利也。如他人偷牛，自身代过。飞来横祸，遭遇误解，皆因居位不正，百口莫辩。

九四，可贞，无咎。

《象》曰："可贞，无咎"，固有之也。

九四阳居阴位，下无所应，亦不安定。幸临君位，自知根基不牢，而乘柔履正，坚守正道，可以无咎。

九五，无妄之疾，勿药有喜。

《象》曰：无妄之药，不可试也。

九五居正，尊贵善治。下卦虽动，然上卦刚健阳盛，小动小静，小疾小患之事，不足撼动局面。于此境地，当沉稳安详，不必因属下小动作而扰乱心境。身无妄行，心无妄动，偶有小恙，自然愈合，不必大动干戈，搅扰心境。

上九，无妄行，有眚，无攸利。

《象》曰：无妄之行，穷之灾也。

上九失位，处无妄之极。此时失位，即使不妄行，亦难免有灾。何况稍有不慎，便引火上身。当行柔顺安静之道，方可免除灾祸。小人逢此得志之时，安知内敛之道？无妄之妄，非外来妄，实乃内生妄。

今按： 无妄卦言君子做事，持守正道，亦当因时而动，随遇而安。起步之初，即能安道守己；稍有发展，便知柔处中和；处于变动之前，需谨慎防祸；至于变动之后，当以刚守谦；处尊得位，则不疑不惧；临于穷位，则当静而静。由此观之，无妄之灾，身不由己，不可预料；然消灾免祸，则全在己身、己行、己心合乎正道。

大畜第二十六

䷙大畜：利贞；不家食，吉；利涉大川。

大畜之象，一为畜德，二为畜健，三为畜贤。经历无妄之蓄，有自我克制之意，故成就其大。小畜润家，大畜立业。此卦以君子治平为意，非一家之顾虑、一己之私利，而以天下苍生为念，可顺天道，渡险阻，成事业。

《彖》曰：大畜，刚健笃实，辉光日新其德。刚上而尚贤，能健止，大正也。“不家食吉”，养贤也。“利涉大川”，应乎天也。

大畜之聚，在于德行笃实，处事刚健。笃实者，深沉浑厚；刚健者，坚韧不拔。此如天丽日，辉光万丈。君子刚毅木讷，必能日新月异。其德正，进道勇，崇尚贤良，知达于道而止于善，健而能止，得万物之正。与贤者邻，友于四海；与天地比，成于心性。

《象》曰：天在山中，大畜。君子以多识前言往行，以畜其德。

乾阳刚而艮笃实，天行健而山能止。君子做事，当行则行，当止则止。艮主贤良，其在天上，喻贤才聚于朝廷。贤才多知多识，能行能成。若能与其共事，德行不亏，功必有成。

初九，有厉，利已。

《象》曰：“有厉，利已”，不犯灾也。

初九处下，得位而正，何以有险？在于冒进。初爻当惊惧而安修，不可妄动。大畜九二失位，时机不到，若贸然相比，易自陷危境。于此当安心静修，领悟艮卦当行则行、当止则止之义。

九二，舆说輹。

《象》曰：“舆说輹”，中无尤也。

輹承载车厢，若脱落，岂能前进，喻知难而止，知难而退。九二失位，居中且应于六五，位不当而能应，见危知守，故能避祸免灾。

九三，良马逐，利艰贞；曰闲舆卫，利有攸往。

《象》曰：“利有攸往”，上合志也。

乾为马，九三、六四、六五互为震。震为动，九三、上九相合，如良马驰骋，畅通无阻，艰贞可越。君子入此顺畅境地，当闻鸡起舞，增益其所不能。九二知止，九三知进，君子做事，险则缓止，通则速进，进退得宜，辞让无咎，隆升有据。

六四，童牛之牿，元吉。

《象》曰：六四“元吉”，有喜也。

小牛初角，闲喜触物，以横木防之，既可不自伤，亦可不伤人。九三入通途，六四知防闲，意在警戒少年通达，易忘乎所以。当止健有方，规正有格。九三畜健有德，六四畜德有守，皆德端行正。

六五，豮豕之牙，吉。

《象》曰：六五之吉，有庆也。

豮豕乃阉割之猪。豮豕性燥，何以阉割？防其性情不正。六五居中，只能以柔制刚，御凶于外，尤能自保。喻君子养德，在于抑制邪性；君子养贤，在于去恶行。

上九，何天之衢，亨。

《象》曰："何天之衢"，道大行也。

大畜之聚，在于此爻。其下诸爻，皆艰辛备至，警戒自省，朝乾夕惕，备尝艰辛。上九犹如用功之久，豁然开朗，苦尽甘来。刚健不息，谨慎修养，亲近贤人，于此终得回报，德广途远，聚为大畜。

今按：欲成大畜，一则需竭力畜阳刚之志，持久不息，成其健；二则奋力畜中正之心，尽善尽美，成其德；三则努力畜仁人志士，选贤用能，成其事。不强进，不躁急，能防邪，能知止，安其勇，成其贤。君子之畜，非畜财，乃畜德以成事，畜健以卫事，畜贤以助事。如此之畜，看似无畜，实则大畜。故大畜者，畜德而成大事也。

颐卦第二十七

䷚颐：贞吉。观颐，自求口实。

颐卦言颐养、养正之道，言君子自养本乎德，养人本乎公，皆需守正。观颐养之道，可悟自养之理。

《彖》曰："颐，贞吉"，养正则吉也。"观颐"，观其所养也；"自求口实"，观其自养也。天地养万物，圣人养贤以及万民，颐之时大矣哉！

颐养当合正道至理，酒色财气莫如琴棋书画，腥膻油腻莫如粗茶淡饭。观其饮食，可知其情志；察其所好，可明其成败。君子利他、乐他，其自养在于修身，养人在于齐家、治国。观其所养何人、所养何德，可知其志趣、德行。内和己志，外顺天时，方可蓄民养贤。

《象》曰：山下有雷，颐。君子以慎言语，节饮食。

震仰盂，艮覆碗，二者交合，外实内虚，如口含物。颐养之道，在于中虚，在于中通。中虚者，节饮食以寡欲；中通者，省言语以养神。

初九，舍尔灵龟，观我朵颐，凶。

《象》曰："观我朵颐"，亦不足贵也。

古之灵龟为神物，外实内虚，一如颐象。灵龟喻德，在于志业弘大，在于维护公义。位处初九，当励精图治，若此时放弃傲岸志向，沉迷于口腹之欲，贪婪消沉，不能自勉，安至于贵？故以凶断少时不努力。

六二，颠颐，拂经于丘颐，征凶。

《象》曰：六二“征凶”，行失类也。

六二居中，当应于六五，却舍向上之志而眷恋于初九，何哉？六五、六二皆为阴，同性相斥，犹如不慕高洁而痴迷低下，看似不得已，实则无远志。此爻言君子立业，在乎自持，每进一步，皆能超越自我。虽不明前方得失如何，仍要坚韧前行。最忌未能行远，便回首顾盼，为卑下者诱惑而裹足不前。

六三，拂颐，贞凶；十年勿用，无攸利。

《象》曰：“十年勿用”，道大悖也。

六三失位不正，上亦不正，以不正去应不正，悖逆大道，沆瀣一气。在此境地，即使苦等十年，也一无所是，何则？小人遇小人，无祸既是福，何能行正道？

六四，颠颐，吉；虎视眈眈，其欲逐逐，无咎。

《象》曰：颠颐之吉，上施光也。

六四得正，应于初九，有静养之意。以上慕下为颠，其何能取吉？在其上卦向下，普照广施。虎视眈眈，喻六四对初九之专注。初九爻义为凶，六四监初九，取其阳为应，以为警戒，战战兢兢，故无咎。

六五，拂经，居贞吉；不可涉大川。

《象》曰：居贞之吉，顺以从上也。

六五、六二同性无应，临上九而居。上九阳健，居正求吉即可。无所正，无所依，无所应，空空居尊，自重即可，进退皆无据，何可渡险阻？上九虽处极，然与初并行阳道，勉力维系中四爻之虚，只宜勉强用之。

上九，由颐，厉吉。利涉大川。

《象》曰："由颐，厉吉"，大有庆也。

上九为众阴所承，虽失位，然阳刚可用，以纠正诸爻之不得力。臣贤于君，故临下以持正道，位高任重，方可转厉为吉。众阴依赖上九，实属无奈，毕竟有阳刚为用，养正之道能成，未来可期，是以有庆。

今按：颐卦诸爻，皆多不吉。初、二、三爻或凶或无攸利，皆因下卦在乎自养。其自养又以口腹之欲为用，自私自利而眼界狭小。四、五、上皆吉、利，因其以养人为用，公允宽厚而胸怀阔大。由此可知，处下位者关注口腹饱暖，常自忧衣食而局促；处上位者关注百姓温饱，无己无虑，方趋通达。君子处事，取法乎上，取用乎远，虽不足以成业，亦足以安身立命。

大过卦第二十八

䷛大过：栋桡；利有攸往，亨。

大过卦言时势不济，行则过甚。此卦巽下兑上，四阳爻居中，有阳亢之虞，过而不当，一需损阳，二需济阴。栋梁直立，亦需屈从，方能刚柔并济，有所成就。

《彖》曰："大过"，大者过也。"栋桡"，本末弱也。刚过而中，巽而说行。利有攸往，乃亨。大过之时大矣哉！

栋梁之材，必有不能承受之重，必有不能承受之轻。前者为其能力边界，后者为其致命缺点。明此二者，则知进退边缘。若自视无所不能则亢；若自感无事可成则吝。栋梁之不能承受，一在本末措置，以其短处为用。二在负载过重，使其不堪胜任。以阴济阳，以柔济刚，使阳刚内敛，和顺而悦，则利于成长，便于通行，宜于待机，适于成事。

《象》曰：泽灭木，大过。君子以独立不惧，遁世无闷。

泽能滋养林木，若其过甚，则淹毁森林，成大过之象。于此倾覆之时世，一则独立无畏，坚守正道，卓然自立；二则举世不见而不悔，毅然远遁，清净自修，可无所苦闷。

初六，藉用白茅，无咎。

《象》曰："藉用白茅"，柔在下也。

初六巽下，如白茅弱软。祭祀以白茅盛放祭物，寓诚敬之意。君子处下，柔顺谨行，慎之又慎，最为适宜。

九二，枯杨生稊，老夫得其女妻，无不利。

《象》曰：老夫女妻，过以相与也。

九二居阴，阳有余，下比初六之柔弱。初六以柔居刚，九二以刚居柔，刚柔虽错位而相济。犹如枯杨抽新枝，老夫娶少妻，虽不协调，却可相亲相与，则无不吉。

九三，栋桡，凶。

《象》曰：栋桡之凶，不可以有辅也。

九三处下巽之极，有九二为助，上应上六，其力甚剧，有过亢过刚之嫌。以不正之位强撑局面，却无助济之人，违于中和，拂于众志，心有余而力不足。处独木难支之危局，没有支持辅助，焉能不凶？且待来日也。

九四，栋隆，吉。有它，吝。

《象》曰：栋隆之吉，不桡乎下也。

九四以阳处阴，过而不过，犹如君子之隆，因地势而趋下，得环境护佑，无损其刚。九五与之比，九三与之承，若坚持阳刚之道，于逆境奋起，则吉。若犹豫不决，以初六为应，有下趋之心，则终生遗憾，此守正即可。

九五，枯杨生华，老妇得其士夫，无咎无誉。

《象》曰："枯杨生华"，何可久也？老妇士夫，亦可丑也。

上六为阴，九五为阳，阴上阳下，一如枯杨生华，不能持久；老妻少夫，焉能守道？九五虽处尊得位，有九四为比，不能下睦众阳，只能上慕孤阴，无益天下。犹如贪恋女色，情义虽通，却终乖大体。

上六，过涉灭顶，凶。无咎。

《象》曰：过涉之凶，不可咎也。

上六以阴爻横众阳之上，如水没顶，耗其全部，不能济众，才弱力单，暗藏凶险。时不可为，祸无可避，抱杀身成仁之死节，成全诸阳，虽不能成功，亦足以荣身。

今按：大过卦意在调和诸爻，中四爻过亢，似可顶天立地，然下有阴陷，上有缺失，空有抱负而难以通透。唯有取阴济阳，方可弥补过亢之不足，使之适宜得中，刚柔相济。初六九二相济，九五上六相济，看似阴阳互补，实则情形不同。九二如归妹卦，长男在上，少女在下，震兑交而归妹之喜；少男在上，长女在下，艮巽交而为蛊之惑。何哉？男少而阳气足，女长而阴气足，故老男少女两相安，虽不能济，亦不能祸，因而初六、九二无咎无不利；老女少男两相耗，损有余而济不足，故九五、上六无誉而凶。九三九四无阴可济，只能自敛阳刚，安居静养，一如象辞所言之独立不惧、遁世无闷。

坎卦第二十九

☵习坎：有孚，维心亨。行有尚。

坎卦言行险之法。下卦诸爻均失位，如身陷险境，地险皆凶；上卦诸爻皆当位，如身陷险时，有险无凶。地者，条件也；天者，时机也。天险易躲，人祸难防。凡遇此两重险境，如欲脱险，须心志若一，勉力前行，方可走出险地。

《彖》曰："习坎"，重险也。水流而不盈。行险而不失其信。"维心亨"，乃以刚中也。"行有尚"，往有功也。天险，不可升也；地险，山川丘陵也。王公设险以守其国，险之时用大矣哉！

习坎喻重重险阻，在于水流而不盈，不能蓄积；在于天雨路坏，泥泞不堪。此种境地，唯有坚守本心，不抱怨，不放弃，刚健如一，恒守初志，一如既往，奋力进取，方能苦尽甘来。上卦如天，下卦如地，天地皆不作美，困我以时机，阻我于苦寒。王公大臣皆守境自护，不假道援引。于此境地，欲脱险境，必待时机。

《象》曰：水洊至，习坎。君子以常德行，习教事。

有水流注，淙淙不断。坎之卦象，如雨后路坑坑洼洼，不知其深，不知其浅，行车困顿，举步维艰。遇此情形，当反思德行，如此坎坷，是否关乎己过？若选择时机不对，只能怨己不懂天时；若选择道路不对，只能怨己无自知之明。若二者无错，乃自己战胜困难能力不足。如何脱险？一修德，无欲则刚，刚生勇则有力；二炼才，有识方敏，敏生通而知方。

初六，习坎，入于坎窞，凶。

《象》曰：习坎入坎，失道凶也。

初六陷坎底，处坎之深，如困境之困。既居位不正，亦居位不当，无应于六四。失道、失位、失时、失助，坎坷至极，喻祸不单行。此爻困顿，欲解脱者，需行有孚之德。一如进退失据，当归其本求之，故当守德行，践行所教之法。

九二，坎有险，求小得。

《象》曰："求小得"，未出中也。

九二居阴，失位；九五亦处坎中，无应。乘初，初失位；比三，三失位。立身不当，且众人皆无力相助。幸其心中尚存刚健，虽不正，亦能自救。即使不能脱坎，亦足以自保。

六三，来之坎坎，险且枕，入于坎窞，勿用。

《象》曰："来之坎坎"，终无功也。

六三居阳，失位、无应，不上不下，出入皆坎坷。习坎之象，于此最明。处下坎之极、上坎之初，临此险境，进退两难。即使自救，亦徒劳无力，唯有谨慎自保，切勿妄动。

六四，樽酒，簋贰，用缶，纳约自牖，终无咎。

《象》曰："樽酒，簋贰"，刚柔际也。

樽酒喻尊礼，簋贰喻尊人，用缶喻奉呈，纳约喻节俭。六四多惧，入此境地，当谦卑处事，亲近九五，以比求安。自牖纳约，暗结好也。内结其诚，外尽臣道，以臣下之谦卑，待君上之刚中，方可自保。

九五，坎不盈，祗既平，无咎。

《象》曰："坎不盈"，中未大也。

九五处阴中之阳，犹如水坑之高地，取高补低，自削自补。惜上下皆险，无人相助，有心无力，终不能平复险情。有此心志，虽不能达，亦无咎矣。

上六，系用徽纆，寘于丛棘，三岁不得，凶。

《象》曰：上六失道，凶三岁也。

粗绳相捆，置于丛棘，如犯重刑。上六多失，此爻乘阳无应，处险之极。累积祸患如此，很难瞬间平息。当悔罪思衍三岁，乃可以求复，含险中必反之意。

今按：人生必有临坎之时，处坎之中，叫天不应，呼地不灵。此人人所难避免者，不遇不足以成才具也，不遭不知机会难得也。唯艰辛也故警惧，唯警惧也故谨慎，唯谨慎也故自省，唯自省也故日新。处坎之间，持德修业，反复求索，虽不能成业，却可动心忍性，增益其所不能。文王囚、仲尼厄、屈原放逐、左丘失明，皆困厄之中存德行，习教事，以逆境成就功业。

离卦第三十

䷝离：利贞，亨。畜牝牛吉。

离卦象征光明，二爻与五爻以阴处中，以柔处正。此卦蕴含以柔为正之意，言附丽、附会之法。外强内顺，如牛之善，故利贞而亨通。

《彖》曰：离，丽也。日月丽乎天，百谷草木丽乎土。重明以丽乎正，乃化成天下。柔丽乎中正，故亨，是以“畜牝牛吉”也。

日月辉光，附于天也；百谷草木，丽乎地也。离卦光明重叠，一片亮堂堂之象，一如教化之开启心智。离之中虚，乃谦虚其内，灵通其中，呈象于外。

《象》曰：明两作，离。大人以继明照于四方。

离之重明，如日月复升复降，持续辉光。君子立身，当光芒万丈，上下相照，顾览四方，天下光明。

初九，履错然，敬之，无咎。

《象》曰：履错之敬，以辟咎也。

初九恭敬谨慎，为其常志。其处下为始，上无所应，处此境地，当安心守位，从容度过。

六二，黄离，元吉。

《象》曰："黄离，元吉"，得中道也。

六二中正，黄为中和之色、中央之色，以坤德之柔顺，行中正、中和、中道，安有不吉？

九三，日昃之离，不鼓缶而歌，则大耋之嗟，凶。

《象》曰："日昃之离"，何可久也？

九三处下卦之末，如日将落，如人生将暮。此时当珍惜光阴，乐观处事。时不我与，天不假我以年，唯有心乐而无忧，心定而成事。若心生贪念，必然至老嗟叹，空恨一生。

九四，突如其来如，焚如，死如，弃如。

《象》曰："突如其来如"，无所容也。

九四为离之两作，如阳光复升，霞光灿烂。其处于黎明之际，一则位不正，二则在过渡。位不正，必赖上下爻比应。朝霞变幻，突如、来如、焚如、死如、弃如，或喻九四变化不定，无处可附，变动莫测中持离之德。

六五，出涕沱若，戚嗟若，吉。

《象》曰：六五之吉，离王公也。

六五阴居阳位，九四迫近，犹如以下犯上，而君主柔弱，只能忧伤叹息。九四虽刚，其位不正，不能成事。唯有附丽于六五，方可有辉光。六五爻之吉利，在于如日月之辉光罩九四。犹如王公虽莫测，仍赖六五为体。六五有嗟叹伤感之处，却能自求多福。

上九，王用出征，有嘉折首，获匪其丑，无咎。

《象》曰："王用出征"，以正邦也。

上九处极，如日月高悬，众当亲附。却因上九山高水远，必有不亲附者。只能以师伐之，征用不亲不敬、不孝不义之人，以维持国家安定。

今按： 坎之行险，除外患需刚中；离之附丽，平内乱需柔中。离乎正，方能化成天下，春风化雨，润物无声。何况离卦非自身如日月普照，实乃自求辉光，必须柔顺在中，心存敬意，居心正，方可光辉惠顾；必须刚健在外，闻斯行诸，进道勇，方可不断化成。天地之中，无不丽之人，君子随时随地审人之丽、顺丽之情、修己之行。以丽为用，以德为止，行君子之风，成文明之俗。

下　经

咸卦第三十一

䷞咸：亨。利贞。取女吉。

咸卦以男女交感言感应之道，为下经首卦。上经多言天地之道，下经常言人间之事。男女交感，为人伦始亨，成夫妇之义，尔后方有父子、兄弟、君臣之序。其艮下兑上，六爻皆有应，阴阳相感，男女相亲相悦。

《彖》曰：咸，感也。柔上而刚下，二气感应以相与。止而说，男下女，是以“亨，利贞，取女吉”也。天地感而万物化生，圣人感人心而天下和平。观其所感，而天地万物之情可见矣。

兑为少女，艮为少男，一柔一刚，一静一动。兑阴下潜，艮阳上行，男子谦卑求亲，二人心意相许，故而亨通。礼始诸饮食男女，圣人观察人伦，尊崇人性人心，理解天地化育万物。男女化育人类，天下各得其所，各安其位。

《象》曰：山上有泽，咸。君子以虚受人。

山泽通气，为天地絪缊之象。山处地下为谦，处泽下为虚。男子求亲，有纳采、问名、纳吉、纳征、请期、亲迎之仪，其处下而做事，虚心而纳善。

初六，咸其拇。

《象》曰：“咸其拇”，志在外也。

初六象手足，足远身心，犹言感应之处，在乎末端。男女交往，好感常起自细节。此非心猿，而为意马，故交感之道，由远及近。男女相恋，亦自牵手始，而渐开心结。

六二，咸其腓，凶。居吉。

《象》曰：虽凶居吉，顺不害也。

腓为小腿。六二柔静居中，当内守以待。若躁急而动，必为九三、九四所忌，顺而应则吉。腕内为肘、腓，为人体分寸之处。援之于手，尚在情理之中，然身体之接触，则当慎重。

九三，咸其股，执其随，往吝。

《象》曰："咸其股"，亦不处也。志在随人，所执下也。

九三乘六二，相比而亲，股不能自动，只能随腓而动。处此时，只能顺势而为。九三不愿上应上六，而宁愿下随六二，由腓及股，贪恋六二之阴柔，犹如贪恋女色而不思进取，最终必然生悔。何以不上感上六？皆因九四、九五横于其中，同性相斥，畏险阻而自甘堕落。三为转关之处，或跳龙门，入上卦；或退而入江河，在下卦之末。其贪恋六二，只能一时侥幸，必然不能久安：皆因其无主见，见色起意，随色浮沉。

九四，贞吉，悔亡。憧憧往来，朋从尔思。

《象》曰："贞吉，悔亡"，未感害也。"憧憧往来"，未光大也。

爻正为吉，不正则悔，不中则吝。九四下应初六，位不正而得应，其位于股、背之间，如腰如腹。此处之感，令人心神憧憧不定。此时唯有守正持固，方可避免悔恨之事发生。九四应于初六，初六当恬静不妄动，九四当守正通其感。喻男女情事，发乎情止乎礼义。喻天下之事，当志同道合，相互砥砺，彼此通志。

九五，咸其脢，无悔。

《象》曰："咸其脢"，志末也。

脢为脊背。以脊背感应，感其浅表。九五居中，感于六二，惜其以背应之，离得遥远而无悔。上六近在咫尺，九五有上慕之心，其志浅小。何哉？六二居中而应，上六轻薄肤浅。九五就近舍远，一则不重德行而重容色，二则不近妻而好妾，不识大义，不持正道。幸其位处九五，勉强可折腾而无祸。

上六，咸其辅颊舌。

《象》曰："咸其辅颊舌"，滕口说也。

上六如面颊口舌，感于面颊者，为其容貌；感于口舌者，在其音声。男女相互取悦于容色音声，不重中正之德，中和之理，其亲不能持久，其爱不能永恒。

今按：人性，天之性也；感物，性之情也。夫妇之道欲长久，彼此交感必以正。六二持正守中，九四感在心神，故吉。九三无己见，随波逐流而吝；九五不知亲善，背六二而尚上六，以其正位而无悔。由此可知，男女相处，唯有抱贞吉之志，方可令朋从尔思。一不羡颜色之好，求心性之善；二不浮躁妄动，循礼以成。小而成夫妇和顺之好，大而通天下大义。

恒卦第三十二

䷟恒：亨，无咎，利贞，利有攸往。

恒卦言恒久之道。靡不有始，鲜克有终。欲成事业者，需持之以恒，方可立功立言。欲修身养性者，需持之以久，方可善始善终。

《彖》曰：恒，久也。刚上而柔下。雷风相与，巽而动，刚柔皆应，恒。“恒：亨，无咎，利贞”，久于其道也。天地之道，恒久而不已也。“利有攸往”，终则有始也。日月得天而能久照，四时变化而能久成。圣人久于其道而天下化成。观其所恒，而天地万物之情可见矣。

震为阳动乎上，巽为阴顺乎下，雷风亲和，阳柔相应。恒久之形态在于持守正道，如天地之持恒守正，如日月之周流不息，如四季之交替不辍，如圣人之坚持不懈。恒久伟业，在乎持之以恒，一以贯之。

《象》曰：雷风，恒。君子以立不易方。

恒之要旨，在于坚持。人之从俗易，而立道难。故为人须方正，处事须圆融。君子有原则，内守方正，不轻易改变。雷之动，如内心之庄肃；风之顺，如外在之和顺。君子不因外部境遇而改变原则，是为操守。

初六，浚恒，贞凶，无攸利。

《象》曰：浚恒之凶，始求深也。

初六居下，不当位，不居中，此时虽可立志，但宜以渐然为道。巽虽顺，失之在躁。欲成就大事业者，须知循序渐进之理，浸润涵养之功，培元植本。初六之弱，若着急呼应探求九四，而不辨析九四之不正，意欲跳跃九二、九三而一蹴而就，欲速则不达。虽忙忙碌碌，因偏离正途，终一无所成。

九二，悔亡。

《象》曰：九二“悔亡”，能久中也。

九二有意气之用，惜其失位，即举止不当，自然后悔。何以能纠补之？恒位于中。九二不当位却处中。犹言不该至于此位，时势使然，常有怅然之意。既已如此，守于中位而能持久，自然得心应手，消除诸多疑虑。

九三，不恒其德，或承之羞，贞吝。

《象》曰：“不恒其德”，无所容也。

九三处巽之末，临震之初，不上不下，最易心无所定，生吉凶悔吝之感，有守德不恒之象。志从于上，为阴所乘，自取其辱。志应乎下，为九二所阻，上下皆不能容。临此境地，亦进退失据，急躁妄动。不守刚正之德，时而谄媚，时而狂妄，最终自取其辱。

九四，田无禽。

《象》曰：久非其位，安得禽也？

九四失位不正，又无中可守，本在边缘境地，自然劳而无获。临此困顿之时，在于无能而骄横，无知而狂妄。

六五，恒其德，贞，妇人吉，夫子凶。

《象》曰：妇人贞吉，从一而终也。夫子制义，从妇凶也。

六五如妇居中，犹如贤妻在堂，百事不慌。虽不当君位，却能与九二相应，以妇道之贞正，从一而终，柔顺吉祥。九三失据，九四刚躁，以柔顺态度应之，以消除祸患。此时当心存刚健，自尊自立，方可成事。若一味退让，以妇人之仁处之，必生凶事。

上六，振恒，凶。

《象》曰：振恒在上，大无功也。

上六浮躁，震终而过动。阴柔不能守静，不安于恒道，必然凶险。凡处上，宜以静制动。若烦躁不安，则一事无成。

今按：立身处事，恒久为基。孔子引南人有言曰“人而无恒，不可以作巫医”。此卦无一爻吉利，谆谆警戒守恒之艰难：一戒急躁妄动，二戒不能守中，三戒守德不恒，四戒久不当位，五戒一味柔顺，六戒轻浮随意。可知持恒艰难，亦可知成就者，在于积力之久，用心之恒，锲而不舍，终镂金石。

遁卦第三十三

䷠遁：亨。小利贞。

遁卦言隐遁之象。艮下乾上，阳消于阴，小人得势，不利正道，不彰君子。与其进而亡身，不如退而守贞。艮为止，知难而退；乾为健，急流勇退。

《彖》曰："遁，亨"，遁而亨也。刚当位而应，与时行也。"小利贞"，浸而长也。遁之时义大矣哉！

退隐能够获得亨通，在于道不济，时不应，机不至，事不成。虽九五当位、六二居中，彼此相应，然初、二两爻阴气滋生，有蔓延之势，时势不成，只能暂时隐退，以求茁壮成长。人之成事，不在一时，不在一地，以退为进，居安思危，方可图大。

《象》曰：天下有山，遁。君子以远小人，不恶而严。

乾天高悬，艮山远耸，一如君子不居庙堂之高，处江湖之远。何哉？小人当道，正气不行。自古君子不斗小人，在于志向不同不相为谋，当避之不及，不沆瀣一气。宁弃权势，不让节操，是其志也。外不露厌恶，内则存庄严，为君子远小人之法。

初六，遁尾，厉，勿用有攸往。

《象》曰：“遁尾”之厉，不往何灾也？

初在二后，喻象为尾。君子既有遁心，便当机立断，不应缠绵不决，犹豫不定。既然隐遁，便闭门息户，安心静守，不宜动作，以绝非议。

六二，执之用黄牛之革，莫之胜说。

《象》曰：执用黄牛，固志也。

六二之遁，在于处中守正，应于九五。其处阴位，如牛革束身，不得隐退。此时唯有坚固其志，外柔内刚，坚固自守，方可自持正。

九三，系遁，有疾厉；畜臣妾，吉。

《象》曰：“系遁”之厉，有疾惫也。“畜臣妾，吉”，不可大事也。

九三之遁，在于心有所系，身遭疾患。时逢匮乏，上无所应，心系六二，如顾恋家小，以阳附阴，不能刚直。处此时此位，不宜作事。唯有保全妻小，暂图一家安逸。遁之不易，由此可见。

九四，好遁，君子吉，小人否。

《象》曰：君子好遁，小人否也。

心远地自偏。乾刚能断，不处正位，下应初六，上临九五，当果决隐遁，毅然避开，舍弃庙堂之高。此唯独好义、守贞君子能毅然决然，以道制欲。若志不刚，心不定，必瞻前顾后，而不能舍此荣华富贵，此小人之必踟蹰也。

九五，嘉遁，贞吉。

《象》曰："嘉遁，贞吉"，以正志也。

易爻之正，在于彰显德义。九五嘉遁，乃破除万难，终于隐遁。九五至刚、至中、至正，统御六二，持守正道则不恋旧栈。

上九，肥遁，无不利。

《象》曰："肥遁，无不利"，无所疑也。

上九至极，如鹤鸣九皋，超然世外。其孤悬天外，内外无应，苏世独立。簌簌然无众无我，赤条条无牵无挂。无忧无虑，正是远走高飞之象。

今按：遁卦之遁，非消极退让，乃暂时隐退避险。君子隐退，非君子之过，乃时世不济。欲正其道，不在此时；欲成功业，不在此地。欲洁身守道，只能权且隐遁，若淹留不去，难免浸淫其中而同流合污。遁卦立意，在于退藏以伸其道、飞遁以保其名、隐守以全其节。此卦言隐退抉择之艰难。初爻言不必隐退，二爻言不愿隐退，三爻言不能隐退，皆心有余而力不足，画地为牢，可知人多慕进取，而少知谦退。四爻适时而退，五爻功成身退，六爻毅然远走，皆因乾主上卦，志意坚定。故乾之刚健，在于能进能退，刚毅果决。余读此卦，深知世外之高远、物外之静美，碌碌尘世，虽不厌其烦，焉能弃之？此艮山之止也。心之所向，何处可期？

大壮卦第三十四

䷡大壮：利贞。

大壮卦言如何保持强大。乾下震上，以阳成大，阳长既多，如在壮年。当以之守正，则保持强盛。

《彖》曰：“大壮”，大者壮也。刚以动，故壮。“大壮，利贞”，大者正也。正大而天地之情可见矣！

天下大势，浩浩荡荡为大，坦坦荡荡为正。内刚而外动，表里如一，以道守则，以正为法，行博大刚健之道。天行健，地势坤，既大且正，大壮之义取法天地，在于行正道、做正事、守正理，与天地合其德，茁壮成长。

《象》曰：雷在天上，大壮。君子以非礼弗履。

雷霆万钧，响彻寰宇，一如至大至壮之事业。强大昌盛之时，正要深诫自己安分守己，遵礼守法。内怀警戒，方可永葆大壮。

初九，壮于趾，征凶，有孚。

《象》曰：“壮于趾”，其孚穷也。

初九处乾下，其壮如在脚趾。处此下位，最戒躁动。虽见大壮之时来，亦当以诚信自守。人之初成，最忌不安，沾沾自喜，自以为是，不听忠告，必进入困顿之境。初九应九四，九四失位不正，犹如初九所追求本虚邪空妄之事，看似有理想，实则入歧途。凡躁进者，必不踏实；凡狂妄者，必不守正；凡自负者，必无法劝阻。诚信若毁，安能不凶？

九二，贞吉。

《象》曰：九二“贞吉”，以中也。

九二居乾之中，位虽不正，然处乎阳中，虽有过亢之意。上下如君子扶持，使之能守中和，亦可视为贞吉。易卦中，唯大壮卦如此，因全卦在乎阳中。君子虽失位，无小人祸患之、加害之，仍能以内持正见，不离正道，故贞吉。由此可知居必择邻、游必就士之重要。

九三，小人用壮，君子用罔，贞厉。羝羊触藩，羸其角。

《象》曰：“小人用壮”，君子以罔也。

九三居乾之极，阳居阳位，刚健有余而谦和不足。九三多惧，君子居于此，当谨慎警惕，戒骄戒躁，守拙安志。小人不知天高地厚，鸡毛令箭之事常有。故不知警惧，狐假虎威，随意任性，必陷于被动境地，如羚羊以角抵藩篱，进退不得。君子壮而警惧，柔弱如婴孩，谦卑处下；小人弱而好强，露才扬己。故君子之壮，为大壮；小人之壮，为假壮。

九四，贞吉，悔亡。藩决不羸，壮于大舆之輹。

《象》曰："藩决不羸"，尚往也。

九四失位无应，自然生悔。然下四爻皆刚健如乾天，阳气赳赳，其虽居上卦之下，与下三爻有同志之感。以阳处阴，行不违谦，势不失壮。能坚持至刚至正，九三所言羊角陷藩篱之情形，则终能化解。何以如此？下合乾道之刚，上应六五之谦，从下慕上，至刚至远，方可冲破阻隔，至于坦途。

六五，丧羊于易，无悔。

《象》曰："丧羊于易"，位不当也。

大壮卦四阳在下，六五为阴，如有羊丧于易。阳气已尽，夕阳在山，乃今非昔比，当及时退却，以柔守中，以和为用。强弩之末，不能穿鲁缟；时过境迁，不能逞刚强。能悟通此理，方可无悔。

上六，羝羊触藩，不能退，不能遂，无攸利，艰则吉。

《象》曰："不能退，不能遂"，不详也。"艰则吉"，咎不长也。

上六处大壮之中，多有求进、躁急、张狂之态。惜其为阴爻，本质柔弱而心性逞强。欲应乎三，九四为阻隔，不能退；欲飞腾远遁，六五不能支持。退无位，上乘刚，进退两难，只能守位待援，以脱离祸患。

今按：泰而不骄、威而不猛，乃言大壮之用，在乎谦退守中，愈至高位愈加谦虚，愈至通达愈加谨慎。天地正气集于身，人间正道合乎行，充实而有光辉者，谓之大壮。故大壮非匹夫之勇、非轻薄之志，大者正，正者壮。唯九二贞吉，在于大而正；九四贞吉，在于谦而和。大壮之用，在乎不用壮：一戒以壮用壮，初九、九三妄以壮自得，故凶；二戒持久用壮，如六五、上六，不辨时机，一味妄动，故不吉。

晋卦第三十五

䷢晋：康侯用锡马蕃庶，昼日三接。

晋卦有长进、晋升之义。卦辞以公侯一日被天子多次接见、得赐车马为喻，言事业处于佳境，可良好发展。

《彖》曰："晋"，进也，明出地上。顺而丽乎大明，柔进而上行，是以"康侯用锡马蕃庶，昼日三接"也。

晋卦地下离上，日出地上，阳春布德泽，万物生光辉。坤之三阴在下，柔顺相承，六五居中，三阴与之相应，谓之三接。

《象》曰：明出地上，晋。君子以自昭明德。

旭日初升，前程似锦。然因初起，冉冉而行，当为谦谦君子。在地为顺，在下为柔，于上为进，于时为明，于事为德。

初六，晋如摧如，贞吉。罔孚，裕无咎。

《象》曰："晋如摧如"，独行正也；"裕无咎"。未受命也。

初六处下，欲援九四。惜九四不正，独木自支，不能合于初六。且有二阴阻隔，上进遭受压抑摧折，只能守正持固。初来乍到，后起之秀，难见信于人，远能进明，近则处顺，姑且宽裕缓进，慢慢适应，等待获取众人信任之时机。

六二，晋如愁如，贞吉。受兹介福，于其王母。

《象》曰：“受兹介福”，以中正也。

六二应于六五，其欲上进，惜六五失位，不能作为援引。上无所应，步履艰辛，怀才不遇，有志难伸。所幸是爻居于坤中，以中之德能正，故无所应，亦不改其志其德，终能感动六五，得其照应而获福。

六三，众允，悔亡。

《象》曰：众允之志，上行也。

处顺在初六，中正至六二。六三多悔，能与三爻上行同进，其处于最接近上卦之位，终获众人信任。坤卦虽为众阴，却能率领众阴弃暗投明，以缓众人困顿，虽艰辛而终必得志。

九四，晋如鼫鼠，贞厉。

《象》曰：“鼫鼠，贞厉”，位不当也。

九四失位，欲下应，下为众阴；欲上援，六五失位；位不当，进退两难。其处众阴之中，自废武功。犹如鼫鼠飞不能过屋，缘不能穷木，游不能度谷，穴不能掩身，走不能先人。平庸无能，空想晋升，贪婪猥琐，只能自寻危险。

六五，悔亡，失得勿恤；往吉，无不利。

《象》曰：“失得勿恤”，往有庆也。

六五以柔居尊，以阴居阳，看似不得位。然阴在离中，虽不进自明，虚而真实，阴能守中。行柔顺之道，用光明之德，委事于下，责名于实，可无往而无不利。晋升至于此，则需无我而有众，看似自我一无所得，却处处有所成，此内虚则外实，可成离之美。若至于此，不能去功利、谋利、私利之心，看似因权获福，实则孤陋贪鄙，内实而外虚，则易坷坎。

上九，晋其角，维用伐邑，厉吉，无咎，贞吝。

《象》曰："维用伐邑"，道未光也。

上九至极，明逾离中，阳亢于上如晋升，如至于兽之角端。若用于内政，位偏不正，过亢则斗。若用于征伐，凶邪外移，可避其祸端。故用人之道，内顺则守内，外亢则攻外，各得其宜。

今按：晋卦言晋升之事，以柔、顺二字为其要义。故人欲长进，则需待人以柔，处事以顺；位卑时宽裕时日，不急不躁；困顿时反省深思，守以中正；发展时优裕容众，提携同道；居尊时中虚静笃，允公允明。故欲晋升，一忌如九四，无自知之明，无一技之长，身在坎中，而无视险患，一味躁进。二忌如上九，刚亢过度，不能端居无为之事，只能远发乱邑，用其峻切，耗其精力，使其无患。由此可知，晋升最忌不知己，不识时。

明夷第三十六

☷☲明夷：利艰贞。

明夷卦象光明陨灭，言韬光养晦之道。夷，灭也，伤也。光明深入地下，喻形势阴晦或局势不明。天下无道，光明陨落。君子之明沉潜入地，辉光不泯，以坚贞渡此晦暗。

《彖》曰：明入地中，“明夷”。内文明而外柔顺，以蒙大难，文王以之。“利艰贞”，晦其明也，内难而能正其志，箕子以之。

离下坤上，如光明陷落。遭此境地，以文王被纣王囚禁、箕子佯狂为证。时势混颓，需内持操守，不能同流合污，不必生事，不必仕进。如明光之潜藏于下而不烛照，以此免于祸患。

《象》曰：明入地中，“明夷”。君子以莅众，用晦而明。

韬光养晦，非不用，或待机，或守道。明夷义取君子潜藏火种，以避灾患。坤为众，亦为群阴，离之三爻皆得正，如日之夕矣，且藏且待。黑暗愈久，则破晓愈明。在此时势，可行晦道，和众、安众、亲众、容众，愈幽静而愈广远。

初九，明夷于飞，垂其翼。君子于行，三日不食。有攸往，主人有言。

《象》曰：“君子于行”，义不食也。

离火炎上，如鸟翻飞。初九处下，垂翼难翔高枝，君子隐遁不见用。见难而退，怀操而隐，身洁而晦，敛锋芒，遁形迹。高义行事，宁遭口腹之困，而不改其贞，不受乱世之禄。此时意欲行事，一不能成功，二不见收获，空忙一场，遭人诟病，授人以柄。

六二，明夷，夷于左股，用拯马壮，吉。

《象》曰：六二之吉，顺以则也。

六二中正，于昏世最难行。忍看光明陨灭，空怀抱负，独木难支，一如左腿受创。欲恢复元气，须有得力坐骑为辅助，方可渐次恢复，走出阴霾。是爻以良马拯济孤苦，言君子行刚健之事，为暗主所欺所疑，身心受伤。一则寻找支持力量缓图，顺应时势；二则刚健不息，坚守正道，方可最终走出苦难。

九三，明夷于南狩，得其大首，不可疾贞。

《象》曰：南狩之志，乃大得也。

离、坤皆南，三应上六，明夷南狩，一为惩凶，二为发明。欲改变明夷之困，需征伐元凶，以拯昏暗时世。九三秉阳刚之正，有至大至刚之志。惜其无上应，六五暗弱，惩凶之义虽大，惜不能发力，故不能操之过急，仍当坚守初心。

六四，入于左腹，获明夷之心，于出门庭。

《象》曰："入于左腹"，获心意也。

六四退处左腹，犹言悲伤内催，情怀痛切，乱世昏君令人神伤心灰。六四出庭至门，喻昏暗之事已经切近，君子当理性抉择，弃门户之忧，即刻藏晦。

六五，箕子之明夷，利贞。

《象》曰：箕子之贞，明不可息也。

箕子谏纣王不听，佯狂远遁，以求全身免祸。君子于此时，若内心光明渴求不息，只能退守于正道，忍以度日。

上六，不明晦，初登于天，后入于地。

《象》曰："初登于天"，照四国也；"后入天地"，失则也。

上六处坤之极，于明夷卦登天，于坤卦入地。登天者，光耀四方；入地者，黯淡消沉。上爻多反，故不明而晦。犹言明夷时期，最宜韬光养晦。若不知敛含沉潜，虽风光一时，终寥落困顿，皆因其不能守正也。

今按：世有兴亡，国有治乱，人之一生，必遭遇盛衰。于治世尚不可得，何况昏世乎？故君子必须知可为不可为、可济不可济、可居不可居、可用不可用。当进则进，当退则退，当守则守，当显则显。虽曰君子有责，拯民于水火，然于不能救世、不能担责之时，与其玉碎，不若暂且瓦全，以待时日，忍辱苟活，此何其难矣？若不如此，志士均赴汤蹈火而卒，胡为天下救？此卦言乱世中诸多形态：初九、六四消极反抗，不用；初二有心拯救、九三南狩革命，皆不能成。上六不知天高地厚，上蹿下跳，最终沦为笑柄。唯有箕子忍辱负重，危而无咎。明夷如此，守志为唯一出路矣。

家人卦第三十七

䷤家人：利女贞。

家人卦离下巽上，言齐家之道。男有分，女有归，夫妇各安其位，则家运绵长。其利女贞者，乃取女主内之意。六二、六四阴柔而守正，故家和；上九男刚健而致远，故事成。是卦，内为中女，外为长女，二女皆处正位。

《彖》曰：家人，女正位乎内，男正位乎外；男女正，天地之大义也。家人有严君焉，父母之谓也。父父，子子，兄兄，弟弟，夫夫，妇妇，而家道正；正家而天下定矣。

易道阴阳，一家之兴衰，系乎男女。男女正，则夫妇顺、兄弟和、父子亲。家人卦言齐家之道，在于五伦齐备，各行其道。父严、母慈、子孝、兄恭、弟悌、夫正、妻顺，各安其位，则家风正。家风正，则天下正。

《象》曰：风自火出，家人。君子以言有物而行有恒。

巽木生火，言夫妇、父子、兄弟皆相生也。君子之家，其有余庆者，非一时之和睦，乃事事以相生、相助、相顺、相宜为原则，故能亲亲相宜也。言有物者，家人间言事，当弃虚妄之辞，而中肯真切；行有恒者，家庭之和美，非一时一事之乐、之感动，在乎恒久坚持。

初九，闲有家，悔亡。

《象》曰：“闲有家”，志未变也。

闲，防也。初九以阳爻居正，言家道初立，必须防邪、防恶、防奸。自古男女婚恋之初、成家之始，皆有向慕美好生活之意。既而家境败落、夫妻反目、父子相仇，皆出于心变。与其事后后悔，莫不如除患于初。

六二，无攸遂，在中馈，贞吉。

《象》曰：六二之吉，顺以巽也。

六二阴爻居正位，象柔顺；初九、九三均为阳爻得位，象正直。六二看似无为，乃居中而为二阳爻之所向，又与九五相应和，处和得正，有应有实。一如母亲主管家中饮食之事，看似无大成就，实则相夫教子，主全家之心骨。其柔顺、谦和之德行，乃六四榜样，为众九尊服，行阴柔之美德。

九三，家人嗃嗃，悔厉，吉；妇子嘻嘻，终吝。

《象》曰：“家人嗃嗃”，未失也；“妇子嘻嘻”，失家节也。

嗃嗃，严酷也；嘻嘻，喜笑也。治家求严，家道严而生孝子，家道宽而生逆子。平日严格要求，即便悔恨、危险，亦能解危释厄。若嘻嘻闹闹，无大无小，不长不幼，溺爱必然会蹈于困境。

六四，富家，大吉。

《象》曰："富家，大吉"，顺在位也。

是爻言富家之道，一在于得位，六四阴居阴位，上承九五之尊，下比九三之刚，以柔顺合于阳刚，以谦和得在位君子之助。二在于顺应，六四应初九，一知防闲之要，二知初始之艰。能以隐忍、警惕之心，承上启下，不骄不躁，不炫富、不耀成，终成吉祥之家。

九五，王假有家，勿恤，吉。

《象》曰："王假有家"，交相爱也。

假，正也，犹言以格物之心治家。九五居中正，以阳刚之德与六二柔顺之美相合，象征夫正、妇顺，夫妻相互体谅、相互支持以治家。君子居尊位、明家道，则父子正、夫妇和、兄弟亲，彼此亲睦，臻于大治。

上九，有孚，威如，终吉。

《象》曰：威如之吉，反身之谓也。

上九虽处于极，因诸爻得位守中，故能得众爻尊重，一如老人处和善之家，享天伦之乐而终得孝敬。上九常有反思、反悔之象。此卦诸爻皆守正得位，反求诸己，内省不疚，诚信在内，有孚于中，威严自生，故而为吉。

今按： 余每读家人卦，常思人道之察察。六十四卦之中，唯以家人卦言齐家之道：初言防闲，二言处和，三言严治，四言顺应，五言相谅，六言内省，得此六箴，则家道可兴。所谓“伤于外者必反于家”者，亟言家之重要，为退守之居、为成事之基，故言家和万事兴，家兴天下治。

睽卦第三十八

䷥睽：小事吉。

睽者，万物乖离，人事相背。睽卦言脱离睽异离散之道，在于求同存异，只能柔顺待机，小心处事以求吉祥。

《彖》曰：睽，火动而上，泽动而下。二女同居，其志不同行。说而丽乎明，柔进而上行，得中而应乎刚，是以小事吉。天地睽而其事同也，男女睽而其志通也，万物睽而其事类也，睽之时用大矣哉！

火上泽下，彼此不相应和，其性乖离，其势两分。离火慕上，兑泽浸下，是言二人同处而不同心。二女既能同处，必有同室之谊，故小事能吉。《易》通天下之志，人之性情有别，欲成其功者，必先有同处之谊，方有同志之用。故睽者，亦相互欣赏也。万物、万事、万众之为用，在于先睽其同。

《象》曰：上火下泽，睽。君子以同而异。

火泽本为乖异背离，君子和而不同，在于求同存异。明其本，弃其末，搜求众人众事之同，是为大同。

初九，悔亡。丧马，勿逐自复。见恶人，无咎。

《象》曰："见恶人"，以辟咎也。

初九为阳，六四为阴，兑既悦乎丽而上行，惜其无应，而呈悔亡之态，有无望之象。行事之初有悔亡之心自省，则损失足以弥补，灾难可以自销。知其不可而不为，静观其变，以应对无望之事、性恶之人。

九二，遇主于巷，无咎。

《象》曰："遇主于巷"，未失道也。

九二、六五皆失位，二者相应于失意之时，处于偏狭之地。九二虽困顿，然刚而能柔，不失其正；守谦顺时，不失其中。能于一时一地得遇，有时运之臧，故而无咎。

六三，见舆曳，其牛掣，其人天且劓，无初有终。

《象》曰："见舆曳"，位不当也；"无初有终"，遇刚也。

六三之艰难，在于阴爻处阳位。夹在二阳之中，气息奄奄，境遇窘迫。然其能应上九，因其附丽而存一线希望。其位艰辛，终能得阳刚之气相助，为无初有终。

九四，睽孤，遇元夫，交孚，厉无咎。

《象》曰：交孚无咎，志行也。

九四孤立无应，六三、六五虽相邻，然各专其主，与其强求阴阳之和，不如应初九以为同志。初九虽卑微，其已得位，与己有同，同志则交孚，赤诚相待，彼此扶持，共同走出危难。

六五，悔亡。厥宗噬肤，往何咎？

《象》曰："厥宗噬肤"，往有庆也。

六五居尊而不当位，失位则悔。其于上卦居中，其悔可亡。九二、六五相应，阴阳合德有应。六五能屈尊与六二相应，既见其大，又见其柔，如宗亲相濡以沫。言六五之能屈身而往，则危而不难。

上九，睽孤，见豕负涂，载鬼一车，先张之弧，后说之弧；匪寇，婚媾；往遇雨则吉。

《象》曰：遇雨之吉，群疑亡也。

上九孤危，焦躁不安：其欲射不射，为欲罢不能，踯躅不定；其言婚言寇，为似和似斗，无法抉择。上九荷戟独彷徨之象，乃欲成就事业却无同志。心乱则疑，心疑则乱，如此困境，必先冷静，不轻举妄动。所言遇雨之吉，一在于以阴补阳，上九得其柔；二在于静候时机，使事不妄出。

今按：睽卦言求同存异之法，在睽违之中求和顺。初爻位卑，余皆不当位，六爻均处于睽异之中，皆有一线生机。能于困境之中脱身，在于因势利导，因时为用。初九守正而向上，九二委曲以遇合，六三不失异中求合之志，九四坚守诚信交往之态，六五猥自枉屈以求同道，上九冷静等待机遇。睽之难，在于动辄得咎；睽之用，在于化敌为友。求同存异，不放弃一线生机，从无望中寻求希望。

蹇卦第三十九

䷦蹇：利西南，不利东北；利见大人，贞吉。

蹇卦以山上有水为象，言行旅艰辛。艮山止，坎水险，遇险即止，则无咎。坤位西南，艮位东北，王弼言："西南，地也；东北，山也。以难之平则难解，以难之山则道穷。"故不利东北。九五当位居正，下正诸阴，利于大人贞吉。

《彖》曰："蹇"，难也，险在前也。见险而能止，知矣哉！"蹇，利西南"，往得中也；"不利东北"，其道穷也；"利见大人"，往有功也；当位"贞吉"，以正邦也；蹇之时用大矣哉！

坎为险，艮为止。蹇之为象，在于遇险能止。东北为艮为止，则反其道而行之，遂转西南。前有险而路无穷，路无穷则人不息，能明此道理者，方可遇见大人。一如六二前往之应九五，因时而动，不固守一途，方能处正位而成大业，此所谓用大者也。

《象》曰：山上有水，蹇。君子以反身修德。

山高路滑，人行其上，是为险境。时不我与，情不能通，当见难而省，反躬自问，慎重权衡，以修身养德之诚敬重新考量：一省是否有战略失误，以致如此艰辛；二省是否因个人德养不够，陷入如此窘迫之境。易之为用，不怨天尤人，而在随时反躬自省。

初六，往蹇，来誉。

《象》曰：“往蹇，来誉”，宜待也。

初六失位无应，前行则必然蹈入坎险，只能退而寻求时机。初爻可以变而得位，初阳比二阴，应六四，众爻皆正，方能引得众爻赞誉。

六二，王臣蹇蹇，匪躬之故。

《象》曰：“王臣蹇蹇”，终无尤也。

六二应九五，在下为臣。二若上行，则历二坎卦，蹇之又蹇。若以九五为君，六二为应，为耿耿忠诚、殚精竭虑之象。其位正而应合，故无咎。

九三，往蹇，来反。

《象》曰：“往蹇，来反”，内喜之也。

九三若应上六，中间坎险，往而有蹇。与其贸然前行，不如见险而止，返于原地，是为艮止。与其上求不得，不如安守本分，无欲无求，安稳平和。

六四，往蹇，来连。

《象》曰：“往蹇，来连”，当位实也。

六四处于两坎之间，来往皆无应，上下皆不当，陷入两难困境，为蹇来蹇往。其自身当位，宜珍惜其所有，不宜妄动。

九五，大蹇，朋来。

《象》曰："大蹇，朋来"，以中节也。

九五居于坎中，来往不成，外应不得，乃难中之难。入此境地，须以居正之位行阳刚之德，以求六二之应，中通外直，守道处险。德不孤，必有邻，久之，必有同道者相应。

上六，往蹇，来硕，吉，利见大人。

《象》曰："往蹇，来硕"，志在内也；"利见大人"，以从贵也。

蹇之为象，在于险阻。物极必反，上六之险已衰，苦尽甘来。此时前行，历尽艰难险阻，心性磨炼已成。此赴汤蹈火，非血气方刚之冒险，乃稳重老成之历险，能于万人不能成事之处而大成，故曰利见大人。

今按：蹇之为卦，最见于文王囚于羑里之处境。人在险阻中，动辄得咎，步步为灾。处此艰难之境地，要能学会当止则止，安守本位，不宜轻举妄动。既然境不在我，时不在我，不必枉费心机寻找出路，不如安心守德，将养心性，以待时过境迁。初六遇险而止，六二安心守正，九三见难知退，六四知难而返，九五安心守德，上六方能望见出口。当止则止，当停则停，此等放下，乃果决之断，非常人所能为。余读卦至此，最惊心动魄矣。

解卦第四十

䷧解：利西南；无所往，其来复吉；有攸往，夙吉。

蹇之言静以免难，解则言动以免难。面临祸患，或以静制动，或主动出击。解卦雷动雨施，象征动员各方力量，一起克艰克难。其言利于西南，乃言欲免祸患，须用坤德行柔顺之道。有心向往，终能至于吉；若能践行，则必能成事。

《彖》曰：解，险以动，动而免乎险，解。"解，利西南"，往得众也。"其来复吉"，乃得中也。"有攸往，夙吉"，往有功也。天地解而雷雨作，雷雨作而百果草木皆甲坼。解之时大矣哉！

面临灾祸，走出困境，一在于其志，二在于其法。有志者，必不放弃寻觅机会；有法者，能因时因地而追求成功。灾祸之解，其志是为自救，其法可以他救。能为他救者，在于得到众人支持。众人支持，在于其事业为众人之福祉。若能在困境中坚守通天下之志，必然能得到众人之响应，处中得正，复吉。将天下之志化为行动，必然能建立功业。以天下之志通天下之众，则困境日销而风云卷舒。天下草木皆能为用，最终化为燎原之火。

《象》曰：雷雨作，解。君子以赦过宥罪。

雷雨交加，为风云卷舒之态。天地所凝之气顿时消解，乃喻此前所积累之灾祸涣然冰释。人在困顿之中，或者静待以避祸，是为蹇；或者积聚力量而消祸，是为解。灾祸消除之日，是君子成事之时。苦尽甘来，能以宽博之胸襟，宽容别人，天地万物皆享用君子德泽，从而实现治平。

初六，无咎。

《象》曰：刚柔之际，义无咎也。

初六柔弱而位卑，其能与九四相应。九四阳刚与初六阴柔相交，失位而有应，故无咎。应乎天地秩序为义，天阳而地阴，又能相交，犹言弱者在于艰辛之中，能上应天阳，外应正义，虽卑弱而必能成长也。

九二，田获三狐，得黄矢，贞吉。

《象》曰：九二贞吉，得中道也。

三之言多，黄为中和，田猎为古之军事行为。其以阳刚中正之举获益甚多，是为吉兆。此卦九二、六五皆不当位，是为困境；然二者居中相应，是为同志。刚二应柔五，犹如得力之将辅佐谦和之君，亦不失为吉。

六三，负且乘，致寇至，贞吝。

《象》曰："负且乘"，亦可丑也；自我致戎，又谁咎也？

六三之象为负物乘车，喻成大事者，应轻装上阵，不能患得患失。负物者，物之贵者也；乘车者，事之大者也。背负重物乘车，不如将物置于车上。其所以如此，在于视其物之珍，不忍放弃。乘车负物，为愚人之态。做事放不下一己之得失，只能招致更大灾祸，轻则失物，重则丧命。《系辞上》言作《易》者知盗，并释此爻之辞："负也者，小人之事也。乘也者，君子之器也。小人乘君子之器，盗思夺之矣。"言格局小之人难成大格局之事。若强而为之，或愚昧可笑，或招致兵戎相加。其过错不在事，而在人。

九四，解而拇，朋至斯孚。

《象》曰："解而拇"，未当位也。

九四失位不正，六三从下比附。九四本应与初六相应，因其失位，不愿应于初六而迷恋六三，而失其志。若要解除祸患，必须弃六三而应初六，以正道获得响应。其迷于六三，是为一己之私；其应于初六，内外响应，上下相和，是为诚信于中。

六五，君子维有解，吉，有孚于小人。

《象》曰：君子有解，小人退也。

六五居中而应九二，内外相合，犹君阴柔处尊，臣刚健向上，君臣相得，足以服天下，故得众人响应。有孚于小人，乃君子容众之象。君子进退维谷，处境险恶，能容小人之忏而不为其害，一在于德高，二在于行修。君子之解祸患，不在有德君子之帮助、群贤之呼应，而免祸于小人之不加害。

上六，公用射隼于高墉之上，获之，无不利。

《象》曰："公用射隼"，以解悖也。

坎象弓；二三四爻为离，象隼；墉之隼，犹言居高位之恶人。射隼，一言君子已藏技于身，可待时而用；二言若要走出灾祸，须彻底解决祸患之人，将之擒获。墉为高墙，言仍未走出灾祸，却已以明白灾祸根源，何去何从，能斟酌损益。

今按：君子走出困境，一在于自勉，二在于容众，三在于明断。故初六、九二言卑弱以自持，不失期望，便有希望。六三言玩物丧志，包袱太重；九四言迷恋近人，眼光太狭。只有放下一己之私利、一己之私情，行中方能得贤，守正才能示范。故九五得小人归附，在于其中正。贤、不肖之人皆能为用，是为有众；能统帅众人成大业者，要知众人所向，天下所归。上六射隼，乃为众人明其目标而引导之。

损卦第四十一

䷨损：有孚，元吉，无咎，可贞，利有攸往。曷之用？二簋可用享。

损卦言卑己而修德，无为而有为。天之道，损有余而补不足；人之道则不然，损不足以奉有余。君子为学，在于明天道；君子做事，在于循天道。于天下而言，损有余而补不足，取信于民，与天偕行。于个人而言，损之又损，方可无为无不为，卑下自谦，方能容众。能明此道者，祭祀而神佑，举事而民应。

《彖》曰：损，损下益上，其道上行。损而有孚，元吉，无咎，可贞，利有攸往。曷之用？二簋可用享。二簋应有时，损刚益柔有时；损益盈虚，与时偕行。

损之三四五爻为坤，初、二阳爻与上九相合，若阳气上行，乃天道行其上。王公能自损其用而奉祀上天，乃言自我约束而合乎天道。祭祀之礼，不在隆重而在变通趋时。二簋之象义如此。

《象》曰：山下有泽，损。君子以惩忿窒欲。

泽山相依，泽自损而增山之高，坚者弥高而卑者弥深，实乃自损而补益其长。此卦言损之用意，在于卑其下而成其上。泽而能言，艮知所止，内中通而外缄默。君子自修其德，既能忍常人不能忍，是为惩忿；又能去除贪鄙之心，是为窒欲。

初九，已事遄往，无咎。酌损之。

《象》曰：“已事遄往”，尚合志也。

初九当位而应乎六四，时不我与，故当闻斯行诸。事已至此，徒说无益，只能即刻完成。位卑而志高，酌情时势方能刚柔并济。所损者，初生牛犊之盛气；所益者，坚韧不拔之志向。

九二，利贞，征凶，弗损益之。

《象》曰：九二利贞，中以为志也。

九二，其利在于自身阳刚持正，持之以恒；其弊在于所处不当位。君子思不出其位，此时不能轻举妄动。于此境地轻易树敌，必有凶险，不必减损增益，守拙即可。

六三，三人行，则损一人；一人行，则得其友。

《象》曰：“一人行”，三则疑也。

三在中正之位，六三以阴据阳，时不我与，境非我用。犹言三人成虎，同道不同志。《鬼谷子·谋篇》言：“同情而俱相亲者，其俱成者也；同欲而相疏者，其偏成者也；同恶而相亲者，其俱害者也；同恶而相疏者，其偏害者也。故相益则亲，相损则疏，其数行也。此所以察异同之分，其类一也。故墙坏于其隙，木毁于其节，斯盖其分也。”三人相疑，无论成败则必有一人损。益友难交而损友常逢，故君子慎交。

六四，损其疾，使遄有喜，无咎。

《象》曰："损其疾"，亦可喜也。

六四当位，以柔纳刚，犹言君子善于察纳雅言而疗救其疾，闻过则喜，自然无咎。

六五，或益之十朋之龟，弗克违，元吉。

《象》曰：六五元吉，自上祐也。

六五言自损益上，必受福保。十朋之龟，为祭之重礼。增厚其礼，柔顺虚中，不违天意，能得其佑。

上九，弗损益之，无咎，贞吉，利有攸往，得臣无家。

《象》曰："弗损益之"，大得志也。

上九处损之极，又体阳刚之性，言损己自谦已成，可损终反益。上九居上乘柔，犹言众臣归顺而为君。君有国而无家，有天下而无我。此爻言谦卑自牧之久，有苦尽甘来之成。

今按：损之立卦，就境地而言，在逆境之中；就身份而言，为臣属于下。此时当卑下自牧，内惩己愤，外消贪欲；内守其志，外持谦恭，方能不为时境所困。然后斟酌损益，虔诚自修，最终能得到在上者之重用，在下者之拥护。故初爻守志，二爻持正，三爻慎交，四爻正己，五爻得上，六爻得下，损之又损，以无为而有为，以无成而有成。

益卦第四十二

☴☳益：利有攸往。利涉大川。

损增其德，益固其本。孔子曾言“自损者益，自益者缺”，能知损益者，明利害，知王事。损言臣道，益言君道，臣道卑下，故下损而益上；君道高上，则益下而上损。二者相卑己而益人，在于君子谅人、敬人。君减损自有之福，以益臣民，能使百姓皆服而无往不胜。

《彖》曰：“益”，损上益下，民说无疆；自上下下，其道大光；“利有攸往”，中正有庆；“利涉大川”，木道乃行；益动而巽，日进无疆；天施地生，其益无方。凡益之道，与时偕行。

在上位减损其利，增益百姓，是为富民。民富则国强，固木培元，君道日广而举国日隆，此国之初兴也。木德仁慈，巽德广远，行王道之政者，必有天地之护佑。即便有险阻，君臣相得则从容度过。此卦所言之历史正循环，乃万物相益，弥增其广；上下相得，弥厚其福。增益之道，无时不可用，无往而不利。

《象》曰：风雷，益。君子以见善则迁，有过则改。

风以雷远，雷以风行，风雷相鼓荡，乃宇宙间动能之互相增益，万物皆盈。君子欲安身立命，见善思齐，见不善而自省，在于增益其所不能。

初九，利用为大作，元吉，无咎。

《象》曰："元吉，无咎"，下不厚事也。

初九居震之初，当位而立。此时地利于己，有茁壮成长之象，可无忧无虑以成事。初九之为始，虽利于成事，然力有不逮，不必贪多求快，而应厚植实力，循序渐进。

六二，或益之十朋之龟，弗克违，永贞吉。王用享于帝，吉。

《象》曰："或益之"，自外来也。

六二爻辞与损卦六五相呼应，损言臣道，乃择时献礼于君；益言君道，则臣所献之礼，当进而献于帝。一则表明君臣相得，二则明示天命在君，天人合一，皆守正道。益象言自外来，乃臣服者所献。损象言得上佑，乃献礼以合君意。

六三，益之用凶事，无咎。有孚中行，告公用圭。

《象》曰：益用凶事，固有之也。

国君增益臣下，在于收心。君臣相得，以备祸患，以救凶险。相得之道，乃彼此心存诚信，行为中正，以礼行之。古之祭祀，以圭为器；君之命臣，以圭为信。君臣彼此敬重，相互增益其德，维持其诚。

六四，中行，告公从，利用为依迁国。

《象》曰："告公从"，以益志也。

国君行政，大公无私，方能为天下臣服。所谓"告公从"，乃谓国君正大光明，为公卿大夫乃至黎庶追随。即便如迁都之类大事，依然能得臣民信任和支持。六四爻为公，当位而正，上近于王。王当位而刚正，君臣声气相投，能一呼百应，举大事而用众。

九五，有孚惠心，勿问元吉。有孚惠我德。

《象》曰："有孚惠心"，勿问之矣；"惠我德"，大得志也。

九五位尊而中正，诚信于民，不必忧虑吉祥与否。君德已广，时势皆在我，可以成大事。

上九，莫益之，或击之；立心勿恒，凶。

《象》曰："莫益之"，偏辞也；"或击之"，自外来也。

上九处益之巅，不必再增益。画蛇添足，虽多无益。过犹不及，当虑无心之过而生凶险。上九已处极，其自知不能增益，然他人不能知之，有求不应，则陷其于不义，终招致其祸。

今按：损言尊君，益言用臣。上下相益，本固邦宁。下卦守正，上卦受益。初爻行阳德，卑下而自立；二爻柔中以进，已得天佑；三爻敬重王公，受其敬重；四爻善待臣属，尊贤容众；五爻施恩天下，万事大吉；上爻言若终生能行益下之道，则不招致祸患。由此观之，益卦乃言国君成长之道，以此观汉武、唐皇晚年之过，乃不知益上九之警告矣！

夬卦第四十三

䷪夬：扬于王庭，孚号有厉，告自邑，不利即戎，利有攸往。

夬卦言抉择之难。凡抉择皆有风险，夬卦五阳爻皆无一能吉，正在于提醒决策之风险。卦辞所言，正是庙算之情形：庙算在内，决战在野。决断之后，令如山倒。军队做好准备，有利则行，不利则备。

《彖》曰："夬"，决也，刚决柔也。健而说，决而和；"扬于王庭"，柔乘五刚也；"孚号有厉"，其危乃光也；"告自邑，不利即戎"，所尚乃穷也；"利有攸往"，刚长乃终也。

《彖传》以爻义解卦辞，乃言此爻五阳共决一阴，刚而能断，悦而能和。上六高悬，虽居上位，却未能持重，可用决策消除危险。君子决断，号令城邑，告知天下，用兵动武，当识其不利；以刚制柔，其功乃长。

《象》曰：泽上于天，夬。君子以施禄及下，居德则忌。

泽上于天，在于阳气蒸腾。既有蓄积，当决降为雨，用以济下。君子布德而不居德，方能成大德。夬之二义，《象》言泽来润下，是为德；《彖》言明法决断，是为威。治国恩威并重，刑德二柄，以德泽被属下，以刑决断奸邪。用德最忌妇人之仁，用刑最忌优柔寡断。

初九，壮于前趾，往不胜为咎。

《象》曰：不胜而往，咎也。

下卦为乾，初九象其趾，其应九四，失位于兑而不应。故初九上行不得，虽阳气十足，只能暂且潜伏。若强行前往，必然自受其祸，是其不能自持也。

九二，惕号，莫夜有戎，勿恤。

《象》曰：“有戎，勿恤”，得中道也。

九二言不利即戎之义，为戒备之严，乃处于失位之时。若能随时提醒部属警惕，即便遭逢夜战，也不必顾虑。

九三，壮于頄，有凶。君子夬夬独行，遇雨若濡，有愠，无咎。

《象》曰：“君子夬夬”，终无咎也。

頄为颧骨，其伤在面，喻其伤为人所知。此时若不能自持，或为众人耻笑，或为众怒所激。故当以勇气承担全部责任，独自决断，不为外界所影响。譬如雨天湿衣，责任不在天而在己。于此境地中，要善于自省，不归罪于他人。

九四，臀无肤，其行次且；牵羊悔亡，闻言不信。

《象》曰：“其行次且”，位不当也；“闻言不信”，聪不明也。

兑为毁伤，九四失位不正，若臀受杖笞，趔趄而行，实乃进退两难之际。于此决断，只能向善以消其悔。羊之为善，牵羊喻以善补恶，自然消除祸患。九四失位而不正，其不用此言，在于不能兼听。

九五，苋陆夬夬，中行无咎。

《象》曰："中行无咎"，中未光也。

苋草曝之难干，脆之难折，喻难断之事，夬夬言决之又决。决断之时最忌投鼠忌器，优柔寡断。九五当位而居中，若秉持中道，则易得众阳呼应而成事。其仅得无咎者，在于其有德而不能决。

上六，无号，终有凶。

《象》曰：无号之凶，终不可长也。

上六阴居群阳之上，阳长则极，阴消则尽。五爻皆阳而不应其阴，程颐以之喻君子得时，当去无益之小人。小人既去，何以为凶？上六以独阴居于众阳之上，难以号令臣民。即便不发号令，依然不能免祸。此为无号之凶，在于独阴难驭众阳。

今按：夬之为断，难之又难，成败在于一念之间。此卦多言左右掣肘之境。初爻有志不宜伸，在其无应；二爻守中需警惧，在于险中；三爻有仇不能报，需要自省；四爻言受刑而向善，以求消祸；五爻言难断之断，反复艰辛；六爻言至于穷极，号令不行。察此卦之立意，乃言决断之要，一在自省自知自制，不为他人左右；二在周详周密周全，不能轻率出之；三要慎思慎言慎行，不宜反复无常。

姤卦第四十四

䷫姤：女壮，勿用取女。

姤言不期而遇之邂逅。一阴居下而不正，众阳居上而比之，有以阴蒸阳之势。君子遇此阴长之时，最忌媾和，最宜守贞。

《彖》曰：姤，遇也，柔遇刚也。“勿用取女”，不可与长也。天地相遇，品物咸章也。刚遇中正，天下大行也。姤之时义大矣哉！

阴柔之遇阳刚，是为合；然此卦之中，阴爻卑而不当位，遂有攀附众阳之意。然其行不正，其位不当，众阳不能与之长久。刚柔遇合，本为天地之理，然阳刚之责任不仅在遭逢阴柔，更在于能统帅众阳众阴。故阴阳相遇相逢之时，本承载天地秩序，需鼓荡刚正之气，消阴阳媾合之淫邪。姤以男女相媾言遭遇之理，以此阐明天地阴阳之大义。

《象》曰：天下有风，姤。后以施命诰四方。

乾上巽下，如天下有风，君子德风，风行天下；君子申令，令行四方。此卦言君子之风，当用于治国安邦，而不能迷于淫邪之事。

初六，系于金柅，贞吉。有攸往，见凶，羸豕孚蹢躅。

《象》曰："系于金柅"，柔道牵也。

初六居下而卑微，其应于九四，若能固守其正，则吉。若不能自持，攀附其上而遇众阳，则有失身之嫌，是为凶。一阴乱于众阳之中，如被困之牝猪，难以自拔。阳主阴从，阴爻必有所守，方能正；阳爻必有所用，方为吉。此爻应于九四，是为有守；若不能持守，必然媾于他阳，始乱终弃，消磨殆尽。

九二，包有鱼，无咎，不利宾。

《象》曰："包有鱼"，义不及宾也。

姤之言女，以家务喻之。庖之有鱼，犹言女子在家，言男主外而女主内，可无咎无过。姤以男女相见言遭遇之理，持家之女有夫，能相夫教子。若待夫之道待宾，则于礼不合。

九三，臀无肤，其行次且，厉，无大咎。

《象》曰："其行次且"，行未牵也。

坐以臀为下，行以臀为中。六爻之中，三四爻为臀。臀受杖刑而趔趄，在于其行不端而受过。此爻辞与夬之九四同，在于其志欲图初爻之阴而遭遇凶险。其过在于行为不检，其运在于尚在其位，过在心而不在行，若惩于心则无大过。

九四，包无鱼，起凶。

《象》曰：无鱼之凶，远民也。

女子不在庖厨，喻其外出。女不内守而外出，其心不在家，故初六、九四当应而无应。失约之凶，起于不守。以无鱼之凶，喻失约之祸。人之相逢，最忌失约；国之将乱，最忌失信。失信于民，必殃天下。

九五，以杞包瓜，含章，有陨自天。

《象》曰：九五含章，中正也；“有陨自天”，志不舍命也。

坤之为德，在于含章。杞下之瓜，含而不彰，待其成熟，喜自天降。九五中正当位，喻女德之美，不言而实，相夫教子有方，守其贞志，成于天命，是为大吉祥。

上九，姤其角，吝，无咎。

《象》曰：“姤其角”，上穷吝也。

刚之最上为角。上九道穷，与阴绝远。不能应和，身在事外。心虽不甘，终究无祸。

今按：姤卦以男女相悦之事，言遇合之义。其以一阴媚于众阳为象，言相处之道。初爻言女贞则正，二爻言持内则吉，三爻言心之蠢动而受罚，四爻言女之外出而起凶，五爻言含章之美而立命，六爻言远观不亵而无咎。姤之为义，本合天地之道，却因不以时则乱，不以礼则淫，不以义则凶。故姤之实义，在于防闲。

萃卦第四十五

䷬萃：亨，王假有庙，利见大人，亨利贞。用大牲，吉，利有攸往。

萃言聚敛之道，以享祖为象。古之享祖，族人各献其礼，荟萃玉帛珍肴而进献。享祖亲亲，叙长幼之情、人伦之礼，天子、诸侯、大夫、士、庶人皆参与之，既能见于大人，又能用牲于先祖，故而吉利。

《彖》曰："萃"，聚也。顺以说，刚中而应，故聚也；"王假有庙"，致孝享也；"利见大人亨"，聚以正也；"用大牲吉，利有攸往"，顺天命也；观其所聚，而天地万物之情可见矣。

聚敛之道，在于下顺而上悦。九五居尊，六二相应，天地之和，万众之诚。孝而享之，聚以正道，天地神灵、列祖列宗接受祭品，君臣黎庶各受其佑。祭品出于地，祭祀孝于中。方以类聚，物以群分。诚心感天动地，内外合一，是为大吉大利。

《象》曰：泽上于地，萃。君子以除戎器，戒不虞。

泽出地上，是为荟萃。聚敛之道，在于取之有道，用之有方。君子择物而用，用其大也。国之大事，在祀与戎。汇聚众物，祭祀之外，即为备战，以免不虞之祸。

初六，有孚不终，乃乱乃萃，若号。一握为笑，勿恤，往无咎。

《象》曰："乃乱乃萃"，其志乱也。

初六、九四位卑而相应，其不能始终如一，里应外合，擅自聚敛，相约生乱。此时当戒之以无恤，勉之以往则无咎。初、四为内外卦之底、上下卦之卑，其声气相通，上下呼应而私相聚敛。二者皆不当位，其行聚敛，当以警告责令约束之。

六二，引吉，无咎，孚乃利用禴。

《象》曰："引吉，无咎"，中未变也。

六二居中得位，与九五相应，是为引吉。中诚于心，守正以祭，无论何时何地，保持祭祀之虔诚，顺而行之，可无咎无虑。

六三，萃如嗟如，无攸利。往无咎，小吝。

《象》曰："往无咎"，上巽也。

六三失位，比于初六、六二，俱为阴柔；比于九四，四亦失位。若以阴取下、失位取上，则萃其弱点而用之。一如损友相损，久而久之，相互伤害，故而嗟叹。不如弃其短而用其长，就六二求其当位，就九四求其阳刚，重新而往，顺于德义，则无咎无悔。

九四，大吉，无咎。

《象》曰："大吉，无咎"，位不当也。

九四失位，上承九五，下应初六，大吉。其无咎者，在于位不当而能上下两得助益，无尊位而得众心，在下位而承大事。

九五，萃有位，无咎，匪孚。元永贞，悔亡。

《象》曰："萃有位"，志未光也。

九五尊而得位，萃之无咎。以其位萃之，不如以其道萃之。九四阳爻，稍嫌不逊，未能以其德令天下萃之，乃尚未能取信于民，应坚守正道，以德化民。最终萃之以道，彼此无悔无怨。是爻言有位而无德，尚需持正以求政通人和。

上六，赍咨涕洟，无咎。

《象》曰："赍咨涕洟"，未安上也。

上六居末，内无应而近无助。若孤臣孽子，无力集聚，孤苦伶仃，只涕零伤感以求无咎。此言时过境迁，无力回天，只能独守穷厄，以求无祸。

今按：萃卦之汇聚，在于合乎礼义。初爻不当位而乱萃，二爻柔以中正而初萃，三爻上无应而不能萃，四爻近尊五而再萃，九五因其位而能萃，上爻穷厄而不萃。可知荟萃之道，当位者无咎，有德者吉利；能应者可求，无应者自守。故聚敛之道，一在有命在身，二在心存虔敬，三在群下拥护。

升卦第四十六

䷭升：元亨。用见大人，勿恤，南征吉。

升卦以地中生木之象，喻欣欣之生长。木植土中，阳光斜布，如大人德泽，利于见之。阳生于东而旺于南，升之为用，可以征行。

《彖》曰：柔以时升，巽而顺，刚中而应，是以大亨，“用见大人，勿恤”，有庆也。“南征吉”，志行也。

升卦上卦行坤德，温厚恭俭；下卦行巽德，和顺谦逊。九二应乎六五，虽处境艰难，然志同道合相呼应。彼此秉承柔行顺德，终能苦尽甘来，得人器重。是以有庆，是以能成。

《象》曰：地中生木，升。君子以顺德，积小以高大。

坤地生巽木，姑且待之以时日而能成。若水之出源，日之初升，顺其物性，涵养德操，累积而有成。

初六，允升，大吉。

《象》曰：“允升，大吉”，上合志也。

初六卑，屈居下位而无应，必赖九二、九三相应和，方能有所成。故与之结为同志而求上升，是为大吉。或言初六为根，其所能出人头地者，须伸展其枝干，二三爻为干，为其仰仗者，故当上升而为之。

九二，孚乃利用禴，无咎。

《象》曰：九二之孚，有喜也。

九二失位，遭逢其咎。欲脱离此困境，只能以诚信求诸外力，即便未能获得护佑，依靠诚信之德，能保持其无咎无失。

九三，升虚邑。

《象》曰：“升虚邑”，无所疑也。

九三以阳爻居阳位，坤以三阴爻居上。卦取升意，刚正之阳爻直面三阴之虚，如同亢正之师入空城。刚正在胸，阴柔相应，可无疑无虑而前行。

六四，王用亨于岐山，吉，无咎。

《象》曰：“王用亨于岐山”，顺事也。

周太王亶父自豳迁岐，周人自立于关中。六四当位，顺而事上，一如周之古公亶父、王季、文王虽有心翦商，力有不逮，时有不及，不得不柔顺侍殷。此卦以之为据，言事有应以下，而不合于上，只能虔诚奉祀，以待天机，是为顺而无咎。

六五，贞吉，升阶。

《象》曰：“贞吉，升阶”，大得志也。

六五居中而柔和，应于九二，犹言下相应而势不及，只能待下应之卦升而助其中正。九三如臣下，六五如君上，臣下刚强而君上柔和，且志同道合，必有成也。

上六，冥升，利于不息之贞。

《象》曰：冥升在上，消不富也。

升卦为木生地中之象，上为六坤之末，一如地表，前五爻柔和积力，如芽之破土，于此为出土之时。故阴冥之象，一如破晓前之昏暗，乃木之初出时之混沌，是为成功前之玄冥。此时坚持前行上升，即便前景不明亦不可放弃，唯此方可消除先天之不足而能有成。

今按：卦以升成，其势稍柔，故其成而长之，既在援引，又在柔顺。初六柔和而知其方向，九二能以中正守志，九三当位而明其势，能与上卦相应和。六四诚心以应九三，以为攀升之力。六五循阶而上，不急不躁，守正而成。上六虽有消退之虞，然能于冥升之境，不改柔和之态，故无大碍。升卦之六爻，能无咎无过，在于木生地中，知其势，明其理，通其情，守其志，倾力精进，终能突破局限而有成。

困卦第四十七

䷮困：亨。贞，大人吉，无咎。有言不信。

困卦言君子穷厄委顿、不能自济之时走出困境之策略。人之困境，一为志之不伸，二为有口莫辩。君子成事愈大，立志愈远，立身愈刚，其所遭逢之不幸愈深，遭人非议愈众，遭俗误解愈多。故困而不愤，于狭隘处通过者，最能体会天高地远，是以亨。不因困境而改弦更辙，是以无咎。

《彖》曰：困，刚揜也。险以说，因而不失其所亨，其唯君子乎！“贞，大人吉”，以刚中也；“有言不信”，尚口乃穷也。

困境之出现，在乎阴险多于刚正。困卦虽进退维谷，然九二、九五阳刚居中。虽陷于阴柔之爻中，然君子当此困境，不失其志，不坠其业。若从容面对，谨慎待之，必能亨通。困穷之中，君子当三思而后行。

《象》曰：泽无水，困。君子以致命遂志。

困卦以泽上无水取象，喻君子陆沉。水本在泽上，水在泽下则泽上枯槁，万物皆困。君子遭逢此境，当遵从天命以坚持所立志业，不屈不挠，方能不为环境所囿，不为流俗所困。

初六，臀困于株木。入于幽谷，三岁不觌。

《象》曰："入于幽谷"，幽不明也。

泽上无水则树枯，人行枯泽之中，如入幽谷。初六居于坎初，犹九泉之下，阳之不生，阴之弥漫，幽昧之时，诸事不宜。

九二，困于酒食，朱绂方来，利用享祀。征凶，无咎。

《象》曰："困于酒食"，中有庆也。

九二居坎中，坎有酒食之象。困于酒食者，是为物所困，非为志所困。酒食所困者，乃饿其体肤，空乏其身。情志所困者，不知何为不知何从。君子固穷，在于困于酒食而不坠其志，故能刚正处之。朱绂为祭服，受命主祭，当仁不让，是言守志得中，谨奉职事而已。九二困于阴爻之中，因其守正，且有命在身，即便群阴围攻，亦无咎无过。

六三，困于石，据于蒺藜，入于其宫，不见其妻，凶。

《象》曰："据于蒺藜"，乘刚也。"入于其宫，不见其妻"，不祥也。

六三、六四皆失位，九二居位不正，以致六三进退维谷。困于巨石之中，手攀蒺藜之上，喻其雪上加霜。又以归家不见其妻言后果，是为内外交困，进退维谷。

九四，来徐徐，困于金车。吝，有终。

《象》曰："来徐徐"，志在下也。虽不当位，有与也。

九四，缓缓前来，受金车困阻，虽有阻碍，但终有结果。九四应于初，却为九二所阻。是言欲成事，却为权势所阻，不得其行，犹如有志而无友，只能暂且退却，敛志惜力。九四虽有初六为应，却因九二阻隔，有友而不见，有志而不伸，有与而不得。

九五，劓刖，困于赤绂，乃徐有说。利用祭祀。

《象》曰："劓刖"，志未得也；"乃徐有说"，以中直也；"利用祭祀"，受福也。

九五刚正而居中，其势足以削鼻断足以理民，其困在于借助尊长之位而行淫威，久之将众叛亲离。是言天下初服，当徐缓图之，以祭祀之礼帅民亲敬，方可渐脱困境而获福佑。

上六，困于葛藟，于臲卼。曰动悔有悔，征吉。

《象》曰："困于葛藟"，未当也；"动悔有悔"，吉行也。

上六应六三，三在巽阴，为葛藟之象，系于飘摇之草，只能动荡不安。乃喻做事无根基，盲动有悔，得之有悔。能以此自铭而警惕者，方能逢凶化吉。

今按：困卦之言走出困境之法：一在于守不坠之志，方能不为困境折服而沉沦；二在于能因势利导，与时变通。初六困于迷茫，可三年隐没；九二困于条件，可安分守己；六三进退维谷，可坦然面对；九四困于时势，可徐缓图之；九五困于名位，可谨慎诚敬；上六困于基础不牢，切勿盲动方能化凶。人逢困境，不坠青云之志，方能砺其志，老其材，成其用。

井卦第四十八

䷯井：改邑不改井，无丧无得，往来井井。汔至亦未繘井，羸其瓶，凶。

井卦以井喻德。城邑可改，而井不移位，喻德行永固，不因时地而变动。养物无穷，莫过乎井，日日取水，水不见少，喻德泽绵长，不因汲取而见涸。汲水于井，必借其器，是以有容；必待其时，是以有用；无容无用之施，有不宜之凶。

《彖》曰：巽乎水而上水，井。井养而不穷也。“改邑不改井”，乃以刚中也；“汔至，亦未繘井”，未有功也；“羸其瓶”，是以凶也。

以桶汲水，井不竭其用，如君子以刚中守德。君子之德，见于人，行于事，方得其用。德为道，用于器，若无人、无事而泛言恩德，则毁其人、损其事。

《象》曰：木上有水，井。君子以劳民劝相。

以井中汲水之象，言济养之德。君子效法井水养民之事，劝勉百姓劳而有功，教化百姓谨而修德。

初六，井泥不食，旧井无禽。

《象》曰：“井泥不食”，下也；“旧井无禽”，时舍也。

初六是为井底，淤泥沉秽，不能食用。井宜常淘，水则无腐，故旧井污秽，不堪使用。修德之事，与时俱进，方能日新而至于至善。

九二，井谷射鲋，瓮敝漏。

《象》曰："井谷射鲋"，无与也。

井之狭深，井中之鲋细屑，取物其中必承其微。下比初六，功不上行，水不上出反下注，其道反矣。故蓄德当如汲水于井，处上宜下，处下宜上。是言君子用井取水，若不能施其用，则徒劳无功。井水以瓮汲之，有此器物不用，久而久之则物毁事休，非无用矣，乃不用也。

九三，井渫不食，为我心恻。可用汲，王明并受其福。

《象》曰："井渫不食"，行恻也；求"王明"，受福也。

渫，除净污秽而净。井渫而不食，乃有德而不守，因而忧心。君子之志业，在以德修身，以德养民。九三与九五同功，皆得位而正，互为离之光明。是言九三能得君长支持，相得相合而教化百姓，以养德业。

六四，井甃，无咎。

《象》曰："井甃，无咎"，修井也。

六四应初六，初六失位为旧井，六四当位而正，如以砖石砌井。过而能改，是以无咎。能帮人改过，是以有德。

九五，井洌，寒泉食。

《象》曰：寒泉之食，中正也。

初六旧井破败，九二用井不当，遂决心利民。九三渫井，六四修井，九五乃以井水养人，居中得正。享其尊正，非赖其位，乃赖其德行。

上六，井收，勿幕，有孚，元吉。

《象》曰："元吉"在上，大成也。

井以养民，汲水之后，不宜覆盖，以利他人取用。诚心在胸，处处利人，乃呈吉祥。程颐言："它卦之终，为极为变；惟《井》与《鼎》终乃为成功，是以吉也。"在于明其善始善终之义。

今按：井卦言养德，一在利民，二在省正。初六言旧井之弊，犹言旧德不足承新事；九二言井之用不当，犹言不以德治则民无养。九三言淘井以生新水，喻立德而新民；六四言修井，喻以德教化百姓；九五言井水清寒可食用，犹言德教广施而天下大安；上六以修井不求已用，而广施天下。井卦养德，义取泽被，广施博行，君子之德业成矣。

革卦第四十九

䷰革：已日乃孚，元亨，利贞，悔亡。

离下兑上，以象变革。天干记日，以戊己为枢纽；四方配之，戊己为中。己日乃孚，乃言成土之日，安静无为，有始乃成。犹言居中而顺天应人，以图变革。革卦六爻若变，皆当位而正，可知变革之关键。

《彖》曰：革，水火相息，二女同居，其志不相得，曰革。“已日乃孚”，革而信之。文明以说，大亨以正。革而当，其悔乃亡。天地革而四时成，汤武革命，顺乎天而应乎人。革之时大矣哉！

离下兑上，水炎上，火润下，虽在一卦而志向相乖，故水火相息，必有所变。其所变于己日，为质变量变转化之枢纽，一言变革须待时机，二言须以质变巩固量变，非简单重复。变革后之水火，则由相乖转为相合，离之火转为文明，兑之欢欣转为喜悦。内有文明之德，外显和悦之色，守持正道方能亨通。变革之要义，非天翻地覆，而为四两拨千斤之调整，以旧形式求新内涵，以求变革之正当，方能使反对之声消亡。商汤顺乎天，周武顺乎民，皆待以时，应乎势，于时中、方中转化之。

《象》曰：泽中有火，革。君子以治历明时。

泽中之火，为蒙昧之中见光明。君子与时俱进，欲有变革，既需观察天时，以率民正。又需辨明时节，以求形势转化之枢机。

初九，巩用黄牛之革。

《象》曰："巩用黄牛"，不可以有为也。

初九得位，却居火下，其明未著。所应之爻六四不当位，故不能妄动其身往而应之，如被革束缚而不能有成，只能无为以待时。

六二，已日乃革之，征吉，无咎。

《象》曰：已日革之，行有嘉也。

戊为阳日，以主动；己为阴日，以辅助。己日变革，乃以顺承之态因应之，商汤周武皆以夏商之臣，顺应民心而取天时革命。六二位正，九五处中有应，趋尊远卑，是以征吉；阴阳相得，是以无咎，故其行有嘉。

九三，征凶，贞厉。革言三就，有孚。

《象》曰："革言三就"，又何之矣。

九三刚壮，为离火之极，炎上之性烈急。其乘于不正之四，征而有凶，变而为坎。坎之凶险，须守正以远祸。若能守正，可取孚义。革之以孚，方能应人，方能有成。

九四，悔亡，有孚改命，吉。

《象》曰：改命之吉，信志也。

九四不当正位，只能以变求正，以求吉利。变之以德，化之以时，方能于旧机制中求得新事业。信志，伸志也，为一展抱负。九四之变，为革卦之关键，变后六爻皆正而有应，循而有序，体现变而通之旨。

九五，大人虎变，未占有孚。

《象》曰："大人虎变"，其文炳也。

九五居正，应于二，有孚于众，位正而有应，足以顺势而为，一举变革。天时地利人和在我，当如猛虎一样推动变革，一呼百应而成事。

上六，君子豹变，小人革面。征凶，居贞吉。

《象》曰："君子豹变"，其文蔚也；"小人革面"，顺以从君也。

天下变革，圣王虎变，君子豹变，为文采焕然、文明蔚然，如明光普照，如春风浩荡。其所变者，天下也，民众也。小人限于格局，能变其表而不变其里，只能革面而不能洗心。其若能守位而居正，尚能无咎；若不知深浅而盲动，则咎祸深矣。

今按：革卦言革故之法：初九卑下，力弱不足以革，只能自我约束以求无祸；六二柔中得位，上应九五，可稍做调整；九三有心而无力，当怀诚以待；九四处于枢机，反手而改命，须当机立断，以促成天下变革。九五位成，顺乎民意，一呼百应，以巩固变革之实。上六是言变革之后，守其实，明其势，不行无益之变革。变革之道，最宜以不变之变为法，不变者，人事也，天下也；变化者，体制也，策略也。关键有三：一是乘势而为方能变，二是巩固实力是为革，三是变而革之而能定。

鼎卦第五十

䷱鼎：元吉，亨。

鼎为食器，能调五味；鼎为祭器，能承阴阳，和五味。以鼎象物言事，取其能容、能调、能承之义。革为去故，鼎为纳新。鼎在革后，以明变革之后定天下之法，在于守成。

《彖》曰：鼎，象也。以木巽火，亨饪也。圣人亨以享上帝，而大亨以养圣贤。巽而耳目聪明，柔进而上行，得中而应乎刚，是以元亨。

鼎以木火为烹饪，和五味而祭祀。圣人知道，其行事，既承乎天地，更赖乎贤能。承乎天地而柔顺其德，赖乎贤能故协时而进。鼎之初六、六五皆柔进，六五居中与九二有情，是为应刚。顺天以时而柔进，养贤以力而刚行，以此求亨，则为元亨。

《象》曰：木上有火，鼎。君子以正位凝命。

鼎卦取鼎成之象，象事知器，木火为器，天人相应。其象以鼎取阴阳五行之法，象君子做事，顺天应人，刚柔并济。

初六，鼎颠趾，利出否。得妾以其子，无咎。

《象》曰："鼎颠趾"，未悖也。"利出否"，以从贵也。

初六如鼎之趾，所用乎承重，所见乎无形。革新之义在颠覆，鼎趾之颠，犹鼎覆而出物。犹言在下位者，趁鼎覆之际吐故纳新，弃卑贱而就高贵，如妾以其子得位。

九二，鼎有实，我仇有疾，不我能即，吉。

《象》曰："鼎有实"，慎所之也。"我仇有疾"，终无尤也。

九二在鼎底，阳为实。阳刚者，君子之道也。应于六五，六五不正。阴柔者，小人之道也。有应而无正，如有疾而不能同行。不与不正者同行，无过则吉。

九三，鼎耳革，其行塞。雉膏不食，方雨亏悔，终吉。

《象》曰："鼎耳革"，失其义也。

九三如鼎之耳。鼎耳有变，无法移动，阴阳五味调和而不能就位，钟鼎馔食不得用，只能待以时日，方能重新烹饪，以求吉利。鼎之纳新，且待时机，鼎耳如宰牛之执牛耳、开门之抓手，欲成一事，须抓住关键部位、主要矛盾。鼎耳之革，是为关键。初虽艰辛，若不撒手，不放弃，持之以恒，则终有成。

九四，鼎折足，覆公悚，其形渥，凶。

《象》曰："覆公悚"，信如何也。

九四为王公、诸侯之位，其辅佐君主。鼎折足，是为王公不得力；覆公悚，喻宁覆公事而不舍其私；其形渥，言势不两立而图穷匕见。地污而鼎坏，喻局面凶险。吐故纳新，必损害既得利益。其先假意推脱而不为，再毁公事而谋私，最终翻脸为敌。既无公心亦无诚信，不惜朝政倒错。

六五，鼎黄耳金铉，利贞。

《象》曰：“鼎黄耳”，中以为实也。

九三之言鼎耳不力，六五言用新，黄为贵，金为刚，以之为鼎耳鼎杠而成王者之器。犹言君主更换三公，提携革新之才以求鼎新之事，以守持正道，充实朝廷，以为纳新。

上九，鼎玉铉，大吉，无不利。

《象》曰：玉铉在上，刚柔节也。

上九以刚居柔位，其以玉杠与鼎器相配。一喻其知尊贵，知在上者要节制；二喻其明事理，铸成鼎业。其能以柔应刚，以尊谦让，柔节以成，顺势知退，无毁无誉，方能善保。

今按：鼎卦言革故鼎新之道，革故在于顺天应人，鼎新全赖人事布局。初六能吐故纳新，鼎新最能得到庶人响应，言革新当始于唤醒民众；九二言革新须触动既得利益，须志同道合者方能为之，当远离不能成事者；九三言不宜四面出击而当抓住关键；九四言革新必然触动既得利益，有备于凶；六五言以变人事而维系革新成果；上九言尊崇退位者，使其能玉成其业。鼎之业也至伟，鼎之器也难成，鼎之立也艰辛，革故不易而鼎新尤难，于此可知。

震卦第五十一

䷲震：亨。震来虩虩，笑言哑哑，震惊百里，不丧匕鬯。

震卦六爻皆取恐惧之象，言修省之道。震为雷，雷霆万钧，既使人恐惧，又使人肃穆。震为长子，主祭。天子王室之威力，在于能使诸侯惊惧而知进退，使得宗庙祭祀依礼而行，以保证国家恒昌，社稷永固，家族绵延。震卦以雷霆为象，言家族振兴之道。

《彖》曰：震，亨。“震来虩虩”，恐致福也；“笑言哑哑”，后有则也；“震惊百里”，惊远而惧迩也；“不丧匕鬯”，出可以守宗庙社稷，以为祭主也。

雷震使人警惧，警惧而能省思，省思而能修身，身修而知规矩，守规而能获福。雷之响远，思在躬身，万物得度，皆为己发。不丧匕鬯者，喻为宗庙之守；喻为承续旧业，不失其事；喻为不失身边之事，方能存致远之行。

《象》曰：洊雷，震。君子以恐惧修省。

洊雷，雷之相震，其声不息，其远无穷。君子成事，需连绵用力，不绝如洊雷，方能震惊百里。欲为此威者，一当深怀警惧，唯恐有失；二当深存警惕，唯恐德薄；三当深省职责，唯恐不能。

初九，震来虩虩，后笑言哑哑，吉。

《象》曰："震来虩虩"，恐致福也；"笑言哑哑"，后有则也。

初九言雷之初发，使人警觉。雷之初响，人为惊愕，尔后恍然释之，有所言笑，不以为然。喻初掌国政，不宜使人震恐。只能从小事入手，如雷之初响，人皆不以为然。雷由远及近，由听闻而及身，方能使得威力渐入人心。先使人警觉，尔后建章立制。

六二，震来厉，亿丧贝，跻于九陵。勿逐，七日得。

《象》曰："震来厉"，乘刚也。

六二陷于震中，持续保持压力，必然遭遇抵触。欲树威者，必先舍弃自身诸多利益，方能轻装前行，至于道德制高点，如九陵之上。此时震雷，意在树威，若形成高压态势，力需绵长而不必过猛。雷霆万钧而不必集于一点，未必穷追猛打，但求持续用力。

六三，震苏苏，震行无眚。

《象》曰："震苏苏"，位不当也。

六三不当位，居于下卦之上，喻其心有余而力不足，此时最易放弃，以为己身有错而畏惧不安。然震之为响，非为己身，乃在社稷。故犹疑之后仍要保持震雷之威，方无灾异。

九四，震遂泥。

《象》曰："震遂泥"，未光也。

九四失位，雷声震动，然其威停滞不前，其声如坠泥中。君子修身，必有欲进而不得之时；君子树威，必有欲达而不速之处。犹如六三、九四，陷入困顿之中，既无法摆脱既有折磨，又无法实现原有志向。此困境，既在心智，亦在时运，为黎明前之黑暗，如进阶之梁津，实乃无路之路。未能超脱者，遂沉沦于旧业，屈从于时运，唯有力拔于困顿之中，方才进入新境界。

六五，震往来，厉，亿无丧，有事。

《象》曰："震往来，厉"，危行也；其事在中，大无丧也。

往则乘阳，来则应阴。六五失位乘刚，身处危险之中。然居尊处中，主以祭祀，犹以名正言顺而自保，虽有灾祸，却无所丧失。

上六，震索索，视矍矍，征凶。震不于其躬，于其邻，无咎。婚媾有言。

《象》曰："震索索"，中未得也；虽凶无咎，畏邻戒也。

心不安，视不专，畏缩不前。上六居位得正，修身在于齐家，齐家而后能国治，近为邻里之榜样，远为亲戚之表率。名正言顺，可赢得家族、亲戚支持。虽境遇凶险，然已无过错，能使近邻警惕，彼此守正而无祸患。

今按：震卦以雷声为象，言君子修省之道。首爻言守正，二爻言守行，三爻言守困，四爻言守窘，五爻言守位，上爻言守家。盖修省之道，在于无时无刻不忘初心。主器者，莫若长子，故受之以震。震卦蕴君子修身齐家治国之道，初醒世以宣威，二持正以行威，三以坚守以成威，四不懈以守威，五名正而成威，六齐家而树威。身修而后家齐，家齐而后国治。故君子之威信，取决于修身之程度；君子事业之成败，取决于威望之高下。

艮卦第五十二

䷳艮：艮其背，不获其身；行其庭，不见其人，无咎。

艮取山象，意在行止。艮其背，人在前而不知其面目，喻不为所用，充数而已；行其庭，人在事中而不被重用，奔走而已。艮卦言君子行止之道，当行则行，当止则止，是为时义。

《彖》曰：艮，止也。时止则止，时行则行，动静不失其时，其道光明。艮其止，止其所也。上下敌应，不相与也。是以“不获其身，行其庭，不见其人，无咎”也。

当行则行，当止则止，皆以时变。艮之止，近意于静止，远意在止于至善。止乱在身，止善于心。在于身者，止物之情，防其动欲；在于心者，明德亲民，止于至善。卦中五爻失正，故当止；然其动而得正，则又可行。其止于失时，行于得道。上下敌应之时，众不相与，故当止。时止则止，时行则行，动静不失其时，方才无咎。

《象》曰：兼山，艮。君子以思不出其位。

兼山并列为艮，君子秉阳，此卦唯九三得位，艮一阳止于外，言君子有才有德而无所事事，于此境遇所思所想，不出其位，在于能自持、自守、自得。

初六，艮其趾，无咎，利永贞。

《象》曰："艮其趾"，未失正也。

初六失位，言君子沉沦底层，看似有咎，却举步维艰。于此时不必动，守持正道而止，则不失其正。故无咎。

六二，艮其腓，不拯其随，其心不快。

《象》曰："不拯其随"，未退听也。

腓为小腿肚，喻不敢沉沦，意欲有所作为，提腿欲进。六二欲应六五，以阴随阳。惜六五不当位，六二不能应，不能随，不甘心。心有不悦，而无能为力。此犹言士人欲进，然世道黯淡，怀才不遇无所为用。此时当止则止。

九三，艮其限，列其夤，厉熏心。

《象》曰："艮其限"，危熏心也。

三在坎中，象位于腰。三无上应，又互坎中。坎为险，此时无应而有险，虽得位，却无外援，心有余而力不足，心欲动而行不达，故焦灼在心，亦当止。

六四，艮其身，无咎。

《象》曰："艮其身"，止诸躬也。

六四居位得正，可以来去自如，动静咸宜。此时当以静止之道处之。

六五，艮其辅，言有序，悔亡。

《象》曰：“艮其辅”，以中正也。

六五居尊居中，旁通为兑口，兑能言，意取口不妄语。言必有序、有物、有理，则无怨无悔。

上九，敦艮，吉。

《象》曰：敦艮之吉，以厚终也。

上九居艮之终，即为山顶，无所行则自止。当止则止，最能见止义，艮德如此，最为敦厚，故曰吉。

今按：艮卦以身体为象，言行止之道。能止方能行，艮二阳而四阴，君子道消而小人道长，故止之义深，而动之义微。初止于足，在于止步；二止于腿，在于知时；三止于腰，在于止心；四止于身，在于行躬；五止于口，在于慎言；上止于当止，是为知止能止。君了立身，不患其动而患其静，不患其行而患其止。山之为象，在于高拔；艮之立意，在于静止。象山之坚，如艮之静，故艮卦行止之义也深。

渐卦第五十三

䷴渐：女归吉，利贞。

渐卦以鸿渐为象，言渐进发展。物有变移，徐而不速，次第言其归止。上卦风以顺，下卦艮以静。长女动而少男静，卦有纳女之相，男女相应，归则吉。

《彖》曰：渐之进也，女归吉也。进得位，往有功也。进以正，可以正邦也，其位，刚得中也。止而巽，动不穷也。

女纳于夫，渐以趋上，得位以正。之子于归，宜其室家。正其身，正其位，正其家，正其邦。渐进之德不失，则发展未可限量。

《象》曰：山上有木，渐。君子以居贤德善俗。

风入于山而渐行。君子观象，取其德义。君子德风，小人德草。巽风申号令，君子以德行化被下民，改良风俗，美以教化。

初六，鸿渐于干。小子厉，有言，无咎。

《象》曰：小子之厉，义无咎也。

渐进之道，自下而上，以鸿飞象之，言次第变化。初六渐进，上无所应，不得安宁。犹小子困窘而受责备，变而得正，柔卑而无咎。

六二，鸿渐于磐，饮食衎衎，吉。

《象》曰："饮食衎衎"，不素饱也。

磐为大石，犹言鸿渐于小丘，得以觅食。六二得位居正而有应，可得一时安享。其上应九五，以达其志，能虑其成。

九三，鸿渐于陆。夫征不复，妇孕不育，凶。利御寇。

《象》曰："夫征不复"，离群丑也；"妇孕不育"，失其道也；"利用御寇"，顺相保也。

下卦艮体，九三得位，上趋六四。离其类，无所应，是以不复。上卦巽体，九三近比六四，四亦无应，故失其道而不育。下巽上艮，男女皆不正，故凶。相生相合不成，相克相离有用。九三在艮，当明艮之行止，守成而自保。

六四，鸿渐于木，或得其桷，无咎。

《象》曰："或得其桷"，顺以巽也。

六四居于巽下，是以为木。鸿渐于此，乃大鸟归林。四阴承五，下顾于三，在可上可下之间，顾盼自如。能以木枝栖身，顺巽自得；能以深林自遁，无祸无患。

九五，鸿渐于陵。妇三岁不孕，终莫之胜，吉。

《象》曰："终莫之胜，吉"，得所愿也。

九五应在六二，却为九三、六四阻隔，不得与六二相应合。就外因言之，男女不能相合，则数岁不孕。就内因言之，六二与九五皆得位，相应以中正。若能持守，则必应必合。九三、六四之暂隔，不能胜六二、九五之相合，当恒守其道而遂其志，终能如愿。

上九，鸿渐于陆，其羽可用为仪，吉。

《象》曰："其羽可用为仪，吉"，不可乱也。

上九居渐之极，象虽为陆，实乃居无位之地。鸿翔九霄，其仪在羽，鸿影高渺，鸿羽为仪。故君子德泽万方，如鸿行天际，无位之位为尊位，无用之用为大用。

今按： 渐卦以风行山中为象，言循序渐进之法。初六卑弱，能受人斥责，方得刊削之正，可无咎；六二初成，有饱腹之乐，可以立身；九三上下不通，有失道之虞，当行止有节。六四进为上卦，鸿入林中，足以安身；九五得中得正，当一伸其志，教化百姓，改良民俗。九二欲正，九五守正，下之所向，上以持之，虽有阻隔，终能成其业，遂其志。上九大成，君子德风而化俗，犹如鸿影印于天际，为天下瞩目。

归妹卦第五十四

䷵归妹：征凶，无攸利。

归妹卦兑下震上，上卦长男而动，下卦少女而悦，长男娶少女，故为归妹。卦中九二、六五失位无应，六三、九四亦失位无应，不宜前往，不宜盲动，故征凶而无攸利。此卦以男女婚配言持家之道，以体家风慎肃之义。

《彖》曰：归妹，天地之大义也。天地不交，而万物不兴。归妹，人之终始也。说以动，所归妹也。“征凶”，位不当也。“无攸利”，柔乘刚也。

乾道生男，坤道成女，男女婚配，阴阳和合，为天地秩序之体现。有天地而后有男女，有男女而后有夫妇，有夫妇而后有父子。婚配为人伦秩序之首，男女相合为天地交泰万物生长之初。少女悦长男，归妹之事成。此卦诸爻皆不当位，三、五、上三爻以阴乘阳而有凶兆。

《象》曰：泽上有雷，归妹。君子以永终知敝。

泽上有雷，男主动而女相悦，少女出嫁，以正则而求永好，是以为喜。然六爻失正，需整肃其家；柔乘阳刚，需正其门风。君子读此卦，则知其喜在彼，其弊在此，以此卦为鉴戒，则门风清而家道正。

初九，归妹以娣。跛能履，征吉。

《象》曰：“归妹以娣”，以恒也；跛能履，吉相承也。

此爻言妻娣相处之道。古之诸侯嫁女，以同姓之庶女随嫁，共侍一夫。初九居下为履，上应九四，四不正，且陷入坎中，有跛足之象。娣非正配，辅佐其姊，承其事，守其夫，是为常道。能守持本位，正己直行，虽有颠沛之累，然无失足之恨，故吉。

九二，眇能视，利幽人之贞。

《象》曰：“利幽人之贞”，未变常也。

九二居中，言女子守道而贤惠；六五不正，如男子失位而不良。男柔弱而女刚强，男不正而女守家，是为眇而能视，贤内助家。家门虽然陷入幽暗之中，幸得女子守持贞正而家事恒常。

六三，归妹以须，反归以娣。

《象》曰：“归妹以须”，未当也。

六三以阴居阳，居兑体之上，失位不正，不能上应。须为姊，即便姊能送嫁，只能以娣身份处之。犹言家姐至于妹夫家中，只能以娣身份处之，方才合乎时宜。

九四，归妹愆期，迟归有时。

象曰：愆期之志，有待而行也。

九四失位不正，下无所应，只能等待时机，以求相合之人，方才无虞。犹言男女婚配，需待天时地利人和而为之，自然和合。

六五，帝乙归妹，其君之袂，不如其娣之袂良。月几望，吉。

《象》曰："帝乙归妹，不如其娣之袂良"也。其位在中，以贵行也。

六五居归妹之中，与九二应，以阴居阳，以长从少，贵而能谦，谦而居中。月为阴，月望则阴德满妇德盛，合阴从阳而吉。男主外而女主内，夫妇各安其位而家道成。夫业主成，妇德主广，妇居中而操持家事，是为家道通行之法。

上六，女承筐，无实；士刲羊，无血。无攸利。

《象》曰：上六无实，承虚筐也。

上震象为筐，下兑女承之；上六阴爻为虚，象其无实。以阴居阴，得位无应，阴虚阳实，是承虚筐。六五下应九二，九二为士；守于兑中，兑为羊，爻象刲羊。六爻皆失位无应，是无血之象。女主内承筐外出而无实，男主外割羊则无血，内外失职则家门失序而不利。

今按：归妹卦言持家之道。初爻言夫妇相合之道，妻娣相处，各安其事；二爻言夫妇相处之道，夫退而妻进，夫谦而妻贤；三爻言家姊相处之法，妇姊至于夫家，当以娣道待其夫；四爻言夫妇相得之道，婚配之时，迟速有法，不当强为。五爻言夫妻居家相处之道，夫主外而妇主内，妇德满盈，家室不亏；上爻言夫妇相恤之道，各安其分则利于家门。

丰卦第五十五

䷶丰：亨，王假之。勿忧，宜日中。

离下震上，光明而动，是为盈足；动而光明，是为德丰。德丰则无所不容，盈足则无所不济。丰卦以离之光明、震之威武，喻司法之道，应光明正大、雷霆万钧。

《彖》曰：丰，大也。明以动，故丰；“王假之”，尚大也；“勿忧，宜日中”，宜照天下也；日中则昃，月盈则食；天地盈虚，与时消息，而况于人乎？况于鬼神乎？

丰之为大，在于内外充盈，方能盛大。王主亨通，在于以大德成大事。故当以天下为虑，方能与时消息，满而知亏，亏而向盈，大事起于细，难事作于易。

《象》曰：雷电皆至，丰。君子以折狱致刑。

雷震则威严，电闪则光明。丰之盛大，在于以离火之光扬善，秉公执法；以雷霆之势惩恶，不惧刑罚。

初九，遇其配主，虽旬无咎，往有尚。

《象》曰：“虽旬无咎”，过旬灾也。

初与四应，初在离，为中女，为阴卦；四在震，为长男，为阳卦；初、四有相配之情，却皆为阳，阳阳相斥，难以为偶。当假以时日，以求变化，方能有成。

六二，丰其蔀，日中见斗。往得疑疾，有孚发若，吉。

《象》曰："有孚发若"，信以发志也。

蔀者，顶也。六二居中，是为日中，又能得位，光明能够通其顶。其上应六五，六五失位而无应，如日中见斗，光明有缺。六二之光上达而不成，若强而为之，则引人疑惑，只能持守阴柔之志，以待来日。

九三，丰其沛，日中见沬，折其右肱，无咎。

《象》曰："丰其沛"，不可大事也；"折其右肱"，终不可用也。

九三处离上，如光明照耀旗帜之上。犹言司法树为号令，即便如日中有黑子，却不影响光明。折其右肱，可以自守；虽有左肱，不能大用。犹言虽处下卦之上，未足大张旗鼓。

九四，丰其蔀，日中见斗，遇其夷主，吉。

《象》曰："丰其蔀"，位不当也。"日中见斗"，幽不明也。"遇其夷主"，吉行也。

九四以阳居阴，光被遮蔽，依然仿佛日中见斗。九四居于震下，震之能动，是以幽暗中可见光明；震主东方，东为夷，九四邻于六五，是为夷主，若与六五易位，能使六爻皆正而相应，宜循此通行。

六五，来章，有庆誉，吉。

《象》曰：六五之吉，有庆也。

六五以柔居尊，动而得正，应于六二之离，文明而彰。其阴柔之质居中正之位，彰显光明之德，是以有庆。

上六，丰其屋，蔀其家，窥其户，阒其无人，三岁不觌，凶。

《象》曰："丰其屋"，天际翔也；"窥其户，阒其无人"，自藏也。

上六得位，如光电自天而映照房屋，覆盖家室，窥探门户，使得四方寂静无人。离火炎上，震电临下，雷电交加，丰之威力无边。言执法过严，威力过大，百姓隐遁而自保，天下危矣。

今按：周易诸卦言刑者有三：噬嗑卦重在明法治，贲卦重在正狱政，丰卦重在言司法威严。丰卦诸爻以雷火之象喻刑政之威力，初爻言司法之明，须配明主，方才可论；二爻言律令不被遮蔽，方能有用；三爻言司法以为号令，方才有成；四爻言司法内外相通，方才能够致远；五爻言持之以恒，司法方通行天下；上爻以司法自上而言之威力巨大，应慎之又慎，不宜介入家室生活，以免苛政损民，使百姓见官府退避三舍。

旅卦第五十六

䷷旅：小亨，旅贞吉。

旅卦艮下离上，艮言行止，离主光明。此卦以行旅为象，有客寄羁旅之辞，言变动调整之义。取失其本居，不得不寄他方为意，以求柔中以外，以求动态平衡。

《彖》曰："旅，小亨"，柔得中乎外而顺乎刚，止而丽乎明，是以"小亨旅贞吉"也。旅之时义大矣哉！

六五阴柔居离中，九四、上九以刚护之，是为得中；内卦艮主行止，为丽火照耀，是以光明知止。离能焕发，艮能知止，是以旅卦光明以止，在于知时。

《象》曰：山上有火，旅。君子以明慎用刑而不留狱。

艮下离上，山上有火；光明能止，是以为旅。君子光明以正，当止则止，当行则行，故明德慎罚，知刑之为用，在于教民、化民，而非罔民、损民。内柔之情见于外，匡国理政，当明如离火，慎如艮山，不积压、不拖延，方能化解民怨。

初六，旅琐琐，斯其所取灾。

《象》曰："旅琐琐"，志穷灾也。

初六居艮下，人穷志短，格局狭小，所思无非己身，行止只求利己，一派猥琐卑贱之象。人既失位，欲求应于九四，九四所居不正。正所谓以其弱求其邪，以其欲求其奢，只能自讨苦吃，自取灾祸。

六二，旅即次，怀其资，得童仆，贞。

《象》曰："得童仆，贞"，终无尤也。

六二居中正之位，上承三阳，是以柔和之身立阳刚之志，其身正志强，以此行止，以此资质，必能修身齐家，自有人响应，有人援助，可以守正。

九三，旅焚其次，丧其童仆，贞厉。

《象》曰："旅焚其次"，亦以伤矣；以旅与下，其义丧也。

九三刚正而居艮上，最宜静止。与九四相比，若其躁进而趋离，则毁其艮体而失其正。旅焚其次，喻其好利而盲动。三多凶，位次于此，若进退失据，则满盘皆输而无成。不能守正守成，将失艮之义而大凶。

九四，旅于处，得其资斧，我心不快。

《象》曰："旅于处"，未得位也；"得其资斧"，心未快也。

九四因失位，变而能正。故其所居非其位，身为暂居，事为代理。此时虽得斧钺之权，能正定其事，然名不正言不顺，只能悻悻作罢。

六五，射雉，一矢亡，终以誉命。

《象》曰："终以誉命"，上逮也。

离为雉，以阴柔之德居六五之位，虽不正，然能厚德载物。射雉时网开一面，以一矢之亡而放生，以三驱之恩而得人赞誉。

上九，鸟焚其巢，旅人先笑，后号咷。丧牛于易，凶。

《象》曰：以旅在上，其义焚也；"丧牛于易"，终莫之闻也。

离为雉，火炎上，鸟焚其巢，象过刚之人在位，多欲除之而后快。上九多悔，其以权势得之，必以权势失之。位不正，性过刚，则先笑而后号啕。殷先王亥丧牛羊于有易，乃不知行止，过于自信而丧身陨物。

今按：旅卦以行旅之事言行进之法，初爻之琐琐，四爻而不快者，卑以自辱者；三爻焚次，上爻焚巢，乃高而见嫉者；二爻怀资，五爻誉命，柔而不失其中，可谓智矣。旅卦言明德慎罚，在于秉持中正；言行止之法，在于固守中道。人生在世，无非逆旅之所，故知其时，明其义，方能行进得法，卑不猥琐，高不自负，允执厥中，处事得宜。

巽卦第五十七

☴巽：小亨，利有攸往，利见大人。

巽为风，阴在下，风之拂物，无所不至，无所不顺。巽卦以风行，言顺势申命行事。

《彖》曰：重巽以申命。刚巽乎中正而志行，柔皆顺乎刚，是以“小亨，利有攸往，利见大人”。

巽主命令，重巽而申命。九五居中得正，阴爻顺从，故能志行。初顺承于二，四顺承于五，柔能顺乎刚，众皆拜服而能成事。

《象》曰：随风，巽。君子以申命行事。

重巽为风，连续相随，是为顺行。九五尊而得位，观风行令，可以反复宣令以推行政事。

初六，进退，利武人之贞。

《象》曰：“进退”，志疑也；“利武人之贞”，志治也。

初六志远而位卑，失位不正，进而无应，退亦失位，只能勇于自变。变而为乾。乾者，刚也，刚而能行，果而能应。于此境地，只能果断自求其变。

九二，巽在床下，用史巫纷若，吉，无咎。

《象》曰：纷若之吉，得中也。

九二上无所应，只能下据初六，以阳居阴，如卧病在床。卑而失正，无能为力，只能求助于他人。借助史、巫祷告天地，以求吉而无咎。

九三，频巽，吝。

《象》曰：频巽之吝，志穷也。

九三居巽之上，本可刚勇而进。却为阴所乘，上无所应，志不得伸，而困于欲飞不能之境。愁困之中，仅求自保。

六四，悔亡，田获三品。

《象》曰："田获三品"，有功也。

六四当位而正，下应于初六，初六失位而无应，喻下求而不得，六四本多凶，不能应下，是以有憾。然上应于九五，以阴柔顺承九五，九五多功，六四方有所收获。

九五，贞吉，悔亡，无不利，无初有终。先庚三日，后庚三日，吉。

《象》曰：九五之吉，位正中也。

九五得位而处中，贞且吉。初六、九二失位不正，不能应上，喻其不能行申命而行令，变而能应，方才有终。甲为事之端，庚为变之始，万事过中则变，三令五申，事则能成。

上九，巽在床下，丧其资斧，贞凶。

《象》曰："巽在床下"，上穷也；"丧其资斧"，正乎凶也。

上九穷尽于上则反于初，其情态如初六，穷尽而无路。互卦为离，离变而离毁，不变则反初，进退失据，不能脱险。

今按：巽卦言申明号令，顺应时势而为之。初六柔而无应，自求刚正以改变；九二以阳居阴，失位无应，屈居下风，亦能无咎；九三以阳刚之气不甘顺从，只能吝退；六四柔顺上应，所以有功；九五守正持中，方能获吉；上九不正又不应，只能居凶。内刚而外柔，循理而用命，顺势而行令，其事乃成。

兑卦第五十八

䷹兑：亨，利贞。

兑为泽，泽以润生万物，万物皆悦，是为亨通。兑卦言劝勉欢悦之事，是以利贞。

《彖》曰：兑，说也。刚中而柔外，说以利贞，是以顺乎天而应乎人。说以先民，民忘其劳；说以犯难，民忘其死。说之大，民劝矣哉！

兑主喜悦，九二人位、九五天位，皆以阳刚居中，上下刚正如一，顺天应人。六三、上六以阴柔应之，是以利贞。上下同欲，百姓愉悦，方能政令畅通，生死相随。兑之泽被万物，能使万物亨通。

《象》曰：丽泽，兑。君子以朋友讲习。

丽，两也，如朋友相合。泽，悦也，如山泽通气。两泽相连，兑水交流，万物生长，如君子切磋琢磨，相互启发。

初九，和兑，吉。

《象》曰：和兑之吉，行未疑也。

初九得位居正，卑而能持正。若守兑泽之丽，不疑初心，安然自得，和悦其志，则吉。

九二，孚兑，吉，悔亡。

《象》曰：孚兑之吉，信志也。

九五中正在位，九二失位，不能相应。若动而变正，上应九五，则悔亡。心之为志，刚而居中，孚信于诚，志方能伸。是言己身不正，需应乎上而正之，方能趋吉。

六三，来兑，凶。

《象》曰：来兑之凶，位不当也。

六三居于阳位而不正，本不和兑悦之道。勉强为之，有谄媚求悦之态，看似柔顺，有谗佞之象，故凶。

九四，商兑未宁，介疾有喜。

《象》曰：九四之喜，有庆也。

九四以阳居阴，位两兑之间，有商兑未成之象。若变而得正，以顺承九五，虽有小过而能自新，终有所成。

九五，孚于剥，有厉。

《象》曰："孚于剥"，位正当也。

九五上比上六之阴，犹君子密比小人，有阴剥阳消之险。处于险中，近于小人，只能持中守信，方能以正位得之。

上六，引兑。

《象》曰：上六"引兑"，未光也。

上六与六三应，六三失位来兑，是为主动，意欲摆脱险境；上六引兑，是为引导六三来兑。惜处于兑之极，心有余而力不足，未能光大。

今按：兑之泽悦，于天地而润万物，于家国则劝勉民众，故兑言劝勉导引，在于相看不厌，有志通和。初九持正而和悦，九二诚心而喜悦，六三媚态而取悦，九四改过而成悦，九五守中而能悦，上六奉己而引悦。唯有六三取悦他人而凶、上六无能为力而罢，其余皆以正、诚、勇、中而能与人成悦。

涣卦第五十九

䷺涣：亨，王假有庙。利涉大川，利贞。

涣之为卦，一为冰消水涣，二为风行水上而成文。君王主持宗庙祭祀，以诚敬处之，万事皆亨。上卦巽木，下卦坎水，木行水上，有舟楫之利，可乘势而行之。此卦言消除积怨、消散块垒之法。

《彖》曰："涣，亨"，刚来而不穷，柔得位乎外而上同。"王假有庙"，王乃在中也。"利涉大川"，乘木有功也。

九二居坎中，水流无阻，是为不穷。六四得位，上承九五，是为上同。九五居中得正，是以在中。巽木为舟，坎水为川，是以有功。人处险中，贵能守正。即便懦弱，亦知何去何从，不为虎伥，不失其志，可待其舟楫而远行。

《象》曰：风行水上，"涣"。先王以享于帝立庙。

巽风主夏，风行水上，寒阴消散，是以坚冰解冻，万物复苏。国之为用，在乎民心；民心之用，在乎诚敬。先王神道设教，以凝聚共识。巽主号令而为教化，以百姓之祀为祀，以百姓之礼为礼，享先帝立宗庙，方能消除疑虑，风化天下。

初六，用拯马壮，吉。

《象》曰：初六之吉，顺也。

初六为涣之初，处于坎下，失位而变。上承九二，互而为坤，是以能顺。坤马负载，是以为吉。身处卑微，只能适应形势，顺生而行。

九二，涣奔其机，悔亡。

《象》曰："涣奔其机"，得愿也。

九二失位有悔，居中能变。比于初六，可资初承，是以有机；险中处身，上应于五，可使悔亡。居于险中，变而得正，应于九五，方能得愿。

六三，涣其躬，无悔。

《象》曰："涣其躬"，志在外也。

六三居坎上，失位不正，本应有悔。若变正应上，舍险就安，则无悔。其舍弃九二而远应上九，志在外卦，心在远方，方能消身边之灾。

六四，涣其群，元吉。涣有丘，匪夷所思。

《象》曰："涣其群，元吉"，光大也。

初六、六二、六四三阴而为群，六四得位于巽，承于九五，与之同志。其不与阴爻为伍，涣其群从，而志欲光明，是以元吉。上卦互而为艮，四居半山，是以为丘。坎主思，六四承上而远坎，故匪夷所思。

九五，涣汗其大号，涣王居，无咎。

《象》曰：王居无咎，正位也。

九五居中得位，巽为号令，以号令行天下，散释积弊，消除险恶，得其位。名正则言顺，欲消除积弊，只能得位得时得助，一申号令而天下影从。

上九，涣其血，去逖出，无咎。

《象》曰："涣其血"，远害也。

上九居巽木之上，其位不正，有自伤之虞。然远于坎险，能消除其伤，故无咎。

今按：涣卦言消散积弊、行利除害之道。初爻居下而不失位，只能负重如马，全其力顺其时而得其用；二爻失位而无机遇，无力求变而只能持中，方能无祸；三爻失位而多凶，躬身处事而应乎上，方可自保；四爻脱离坎险而不与众阴为伍，方能不为所困，以远思成之；五爻居中得正，是为得志之时，申明号令兴利除弊，在乎此时；上九之咎，在于自身积弊已成，只能刮骨疗毒，方能消灾。

节卦第六十

䷻节：亨。苦节不可，贞。

下泽上水，泽以止水，节卦言节制之道。节制者，节其用度，制于己欲。九五处中得正，是以能亨。节之为用，贵在得中。若以节为节，则节道必穷，安能正其民、制其事？

《彖》曰：“节，亨”。刚柔分而刚得中。“苦节不可，贞”，其道穷也。说以行险，当位以节，中正以通。天地节而四时成。节以制度，不伤财，不害民。

节卦内兑为悦，外坎为险。三阴三阳，刚柔分明，制之为法能成。九五得正，而能尊中，节之于义能守。九五以中正之德守序。序之于空间，则天地成；序之于时间，则四时定。寒暑往来，各以其序，而能财丰。节之为制，成法度，成礼乐，则能民安。

《象》曰：泽上有水，节。君子以制数度，议德行。

泽上有水，是为蓄容，满则溢，寡则空，适则容，节制之理在其中。此卦言君子做事，法度为用。理数之多少，以得宜为法；德行之优劣，以节操为用。治国理政，有规矩、有制度，方能评骘优劣而任用得当。

初九，不出户庭，无咎。

《象》曰：“不出户庭”，知通塞也。

初九得位居正，上应六四，四为坎险所阻而不通，行而遇止，以缜密而不出为宜。

九二，不出门庭，凶。

《象》曰：“不出门庭，凶”，失时极也。

九二失位而居中，失位则变，不得不出。出而变通，以应九五，方能脱险。然居中而守其阳，有死志之征、失时之象。

六三，不节若，则嗟若，无咎。

《象》曰：不节之嗟，又谁咎也？

六三以阴居阳，失位乘刚，不能自节而有咎，其能嗟若自省，则亡祸。身处险境，意欲脱险，先要自省，过而能改，则咎亡。

六四，安节，亨。

《象》曰：安节之亨，承上道也。

六四得位，上顺于五，安顺于节。有自知之明，能成人之美，辅其志而成其事，无往不利，无所不成。

九五，甘节，吉，往有尚。

《象》曰：甘节之吉，居位中也。

九五处尊而守中正，崇尚节义。六四能顺承，九二愿变正，故当位以节，中正以通，节以制度而事成。

上六，苦节，贞凶，悔亡。

《象》曰："苦节，贞凶"，其道穷也。

上六处极，有过甚之嫌。节之中正，是为制度，节之过甚，是为苦节，其必有凶。上六位正，虽苦节而非贪吝。虽不堪其苦，却终未酿成祸患。

今按：节卦言节制之法，初九有阻而能节；九二失位守中而死节；六三知过能改而明节；六四居正而安节；九五中正而成节；上六守正而苦节。节制之道，一在于节其欲而能自守，二在于节其时而能为用；三在于节其位而能有成，故九二、上六能守，初九、六三能用，六四、九五能成。

中孚卦第六十一

䷼中孚：豚鱼，吉。利涉大川，利贞。

中孚兑下巽上，九二居中。信发于中，谓之中孚。豚鱼为祭，心怀诚信，必得赐福而吉。巽木行于泽上，如舟涉川，言明诚守信而成就大业。

《彖》曰："中孚"，柔在内而刚得中，说而巽，孚乃化邦也。"豚鱼吉"，信及豚鱼也；"利涉大川"，乘木舟，虚也；中孚以利贞，乃应乎天也。

三、四阴柔，二、五阳刚，刚中而明；内兑外巽，和谦而诚。明诚而信，可治国平天下。牺牲玉帛，必以信，以诚信惠及万物，应乎天德，而化及万方。

《象》曰：泽上有风，中孚。君子以议狱缓死。

风行于上，泽润于下。君子德风，其恩泽天下，故观于诉讼之事，以德处之，能缓则缓，当释而释，合乎天生万物之德，成乎地养万物之义。

初九，虞吉，有他不燕。

《象》曰：初九"虞吉"，志未变也。

初九得位以正，所应六四亦得正，安守本分，修养自我以待时机。位处卑下，不可躁进。

九二，鸣鹤在阴，其子和之。我有好爵，吾与尔靡之。

《象》曰："其子和之"，中心愿也。

九二居中，为诚以中。变正能应九五，通达而有应。鹤鸣九皋，声闻于天。子曰："君子居其室，出其言善。"诚发于中，应于千里之外。故君子处其家，待人以信，明行于外，则远人自来服。

六三，得敌，或鼓或罢，或泣或歌。

《象》曰："或鼓或罢"，位不当也。

六三失正，居少阴之上，其位多躁进，欲进比六四。然四居长阴之下，履正而承五，与三对而不比。六三以不正之身、不当之位，仰攻得位得正之六四，其鼓而不胜，只能消退。四居正位而履顺，不与物校，六三退而不见害，歌而泣之。

六四，月几望，马匹亡，无咎。

《象》曰："马匹亡"，绝类上也。

六四巽下，顺而应兑，得位而正。月满则阴德足，阴德足则柔顺之极。上承九五，又应初九。初九安守，六三攀附。九五得正，舍匹配之事而承九五之中正，弃攀附之人而成中孚之诚，是以舍己欲而成大业，无咎无过。

九五，有孚挛如，无咎。

《象》曰："有孚挛如"，位正当也。

九五居孚之中，为孚之主，体孚之义，其刚而诚，其明而信。应于二，二失位不能应，遂以中孚之诚信维系之。以诚相待，明德而化天下，故无咎。

上九，翰音登于天，贞凶。

《象》曰："翰音登于天"，何可长也！

上九如天，翰音为鸡。鹤翔九天，鸡旋墙堵。心比天高，欲学鹤翔，不自量力，只能征贞凶。上九应于六三，六三亦躁进而攻于六四，上九、六三相互声张，虚而不正，焉能持久？

今按：中孚卦言诚信之道。初爻守正，不急不躁而自立；二爻变而应乎上，能向诚明而自正；三爻不正而躁急，能遇阻而自省；四爻顺柔而自成，能舍己而利他；五爻中孚以正，位当而行诚信于天下；上九过而不正，好高骛远，徒自费力。中孚之义，在乎明诚。明者，知其时，知己力，如初九、九二；诚者，信于中，明于外，如六四、九五。不安于位者六三，失其诚；不正于时者上九，失其明。

小过卦第六十二

䷽小过：亨，利贞。可小事，不可大事。飞鸟遗之音，不宜上，宜下，大吉。

小过卦四阴在外，二阳在内。阴多于阳，有过恭、过哀、过俭之义，是为小过。过为小事，是以日常小事能通，邦国大事则阻。震为鸿鹄，艮主行止。飞鸟上无所适，下则得安，将止就止。小过卦言逆境行止之法。

《彖》曰：小过，小者过而亨也。过以利贞，与时行也。柔得中，是以小事吉也；刚失位而不中，是以“不可大事”也。有飞鸟之象焉，“飞鸟遗之音，不宜上，宜下，大吉”，上逆而下顺也。

小过之过，在于阴阳失调，诸爻不应。九四应初六，初阴过二而去；九三应上，阴过五而去；阴过于阳，五居中见过而不见应。不能求他，只能求己。利于守正，只能待时，方可通行。二三得位，四五失位，得位则顺，失位则逆。上行不得，下行可通，如飞鸟过山而低翔。六二、六五柔顺而力弱，得中而不正，得中能持家，不正难御外，故可成小事而不可成大事。

《象》曰：山上有雷，小过。君子以行过乎恭，丧过乎哀，用过乎俭。

山上有雷，山主静，雷主动；震尚远，艮求坚。艮一阳在上，静止而坚；震重阴在上，雷少动弱。小过者，以静止为体，震动为用，得过且过，不求通达。人处逆境，了无外援，只能谨慎通过、冷静度过，守恭敬之心、哀怜之情、俭省之用，宁矫枉过正，不以力不足而画地为牢。

初六，飞鸟以凶。

《象》曰："飞鸟以凶"，不可如何也。

初六失位，上应九四，九四亦失位不正。进而无应，退无所退，如鸟困浅滩，上无所应。若强行上飞，前途未卜，未能自救。当此之时，只能屈全。

六二，过其祖，遇其妣。不及其君，遇其臣，无咎。

《象》曰："不及其君"，臣不可过也。

六二得位居正，为艮之主。其上应于六五，六五失位。三、四阳爻阻隔，六二不获上应。如臣之失君，只能暂且自保，统领初六、九三而自主下卦。君不应，臣自保而不僭越。夫不明，妇自立而不替，是以无咎。

九三，弗过防之，从或戕之，凶。

《象》曰："从或戕之"，凶如何也！

九三得位以应上六，却为九四所阻。九三从于九四，以为知己，以得位之阳刚，欲援九四。九四失位，其性不正，九三从之，不加防范，必为其所害，未捷身死。身正不怕影斜，却怕失位不正者之邪。上六多过，九三愚忠而赴之，九四设局以殉之，其刚以勇兮而死直。

九四，无咎，弗过遇之；往厉必戒，勿用，永贞。

《象》曰："弗过遇之"，位不当也；"往厉必戒"，终不可长也。

九四失位不正，是以有咎。六五居中，九四动而遇之，与之阴阳相得，是以无咎无过。四阳不正，遇六五之厚德而无咎无过。若欲以其阳刚乘凌六五，必然有祸。故九四只能蛰伏于六五，补其不正，守持正道，藏拙隐志，方能永贞。

六五，密云不雨，自我西郊；公弋取彼在穴。

《象》曰："密云不雨"，已上也。

六五阴居阳位，阴主静。上卦为震，六五主静而能制震之动，阴盛于上而止之，是密云不雨之象。六五失位，能守中而不能持外，姑且弋取穴中鸟兽。犹言即便位尊，亦当处理易如反掌之事，暂不处理大事。

上六，弗遇过之；飞鸟离之，凶，是谓灾眚。

《象》曰："弗遇过之"，已亢也。

阴阳之性，同类相拒，异类相感。上六过至极高，与九三不能相遇。小过宜下不宜上，上六高亢，如飘云无根，飞鸟无托，上浮过高而自陷凶险，亢极而必下坠。今之所谓捧杀，高级黑，殆此之谓乎？

今按：小过言小大之辨、上下之宜。初六柔弱处下就其善，强行高飞则凶；六二中正无应，自足自立而无咎；九三身正，却盲动而遇害；九四不正，能自持而无祸，不能有所作为；六五中而不正，姑且顺势而自保；上六位正而高亢，上浮无际而征凶。能为小而不为大者，能处下而不求上者，初六、六二、九四、六五居位卑下而自保。唯有九三、上六不顾条件而上亢求大，其遭遇祸患，失在峻急矣。

既济卦第六十三

䷾既济：亨小，利贞；初吉终乱。

既济卦三刚三柔皆正而位当，六十四卦之中，独此一卦，言万事皆济而功成。六爻皆正，各得其应，各得其正。大小亨通，小者不遗，皆以济之，非正不利，是以大成。当此之时，当居安思危，慎终如始，处若丧礼。怵惕多日，方才盈持，若以此逸豫，则危乱及之。

《彖》曰："既济，亨"，小者亨也。"利贞"，刚柔正而位当也；"初吉"，柔得中也；"终止则乱"，其道穷也。

阳升阴降，阴阳相交，天地相合，大小皆亨。初、三、五爻阳刚得位，二、四、六阴柔居正，六爻皆正，最见天地阴阳秩序。卦变而通，故中和安定只在一时，而非永恒。正不可极，成而有时，阴阳变动不居，随时打破平衡。既济本为苦尽甘来、乱后得治之象。然此终极之象，如秒针之指整点，随即重新开始。故既济既是阴阳之道终，亦为阴阳之初始。

《象》曰：水在火上，既济。君子以思患而豫防之。

水在火上，一象有炊事，二象救火，三象水火不容。炊事火胜水，救火水胜火，水火不容者，恒常之道也；水火相容者，一时之得也。君子观水火之相容，知其有时也，故思其不容而知水火无情，知既济之成，有风险之虞，能防患于未然。

初九，曳其轮，濡其尾，无咎。

《象》曰："曳其轮"，义无咎也。

既济以渡河为象。坎为轮，轮之发轫，以手引之。初居水边，常湿衣带。初九位正而有应，轮之发轫而曳之，衣之湿带而涉之。既济之初，小心谨慎而前行，无过也。

六二，妇丧其茀，勿逐，七日得。

《象》曰："七日得"，以中道也。

六二柔中得位，上应九五之正，光明处中。乘车渡河至水中，车上之竹席丢失，喻有所失。然女子乘车渡过，以济为用，不必在意一物之得失。失而弗逐，知其主次，所丢之竹席数日之后或可再得。言济之中，不可因小失大，以求中道也。

九三，高宗伐鬼方，三年克之，小人勿用。

《象》曰："三年克之"，惫也。

武丁之伐鬼方，实现殷之中兴。此爻取譬言之，以明既济之义。内卦离火，九三离阳，刚健好勇，明能除暗，故鬼方可伐，在于离阳胜阴也。外卦阴之胜阳，阳主阴辅。此爻居火之上、水之下，水火相攻，乃力伐之胜。三年之征，必然疲民，方知民力不可滥用。

六四，繻有衣袽，终日戒。

《象》曰：“终日戒”，有所疑也。

六四居坎险之下，多险而当戒之；又在离火之上，多凶而宜慎之。上承九五，近尊主而能惧之。身着彩缯之繻，是以位高；可用敝衣之袽，是以能下。六四不以近五而自满，终日思患而预备祸患、预防变故，身在魏阙，心系江湖，战战兢兢，疑虑国事。

九五，东邻杀牛，不如西邻之禴祭，实受其福。

《象》曰：“东邻杀牛”，不如西邻之时也；“实受其福”，吉大来也。

五爻应在坎，坎为月，月出西方，西邻之谓九五。二爻应在离，离为日，日出东方，东邻之谓六二。牛为盛祭，禴为薄祭。九五为既济之主，备其位、守其事、成其业，按时备祭而获福泽，喻履正居中而修德者，不必厚祭，而能为鬼神护佑。实言成事在于合时，而不在于丰盛。殷纣在东，文王在西，文王修德而得天命，殷纣败德而亡身。

上六，濡其首，厉。

《象》曰：“濡其首，厉”，何可久也？

上六居坎险之上，穷极之所，承凌六五。如头淹于水中，身安能全乎？穷尽之处，事安能存乎？能知倾覆之所在，方可免于祸患。

今按：既济以渡河言守成之道。初爻谨慎渡河，二爻知主次而不计细碎，三爻以乘势攻之，四爻警惕戒之，五爻修德守之，六爻知倾覆之事而能虑之。既济之济，在于能知其机而用之；既济之既，在于能知其势而深虑之。读既济之卦，知得能失，知成能败，知危能虑，知时能忧。

未济卦第六十四

䷿未济：亨。小狐汔济，濡其尾，无攸利。

既济以水火相容为象，言阴阳得位，以象天地之终正；未济以水火不容为象，言阴阳错位，以象天地之初始。未济以未能济渡为名，言万事初创之法。其二、五皆失位，如若易位，则天地之气相交而通，故能亨。未济蕴含可济之理，小狐渡河，尾大水深，狐疑而不济。只需调整，便能济之。

《彖》曰：“未济”，亨，柔得中也。“小狐汔济”，未出中也；“濡其尾，无攸利”，不续终也。虽不当位，刚柔应也。

六五应九二，以柔处中，能纳刚健。然九二居坎中，尚未脱险；初六力弱，不能济之。初六、六三、六五以阴居阳，九二、九四、上九以阳居阴，刚柔虽相应，皆不当位。犹言先天条件具备，未能济之，在于皆不当位，需调整而方能成济。

《象》曰：火在水上，未济。君子以慎辨物居方。

离火炎上，坎水润下。未济乃水火相背、阴阳失和之象。君子观物以求正，此卦刚柔相应却事不成、功不行，在于其位皆不正，欲得以用之，当辨其错乱，序其阴阳，使爻各当其所，人以群分，物以类聚。如此则以格物求致知，以未济成既济。

初六，濡其尾，吝。

《象》曰：“濡其尾”，亦不知极也。

初六柔居其坎下，柔弱无力，身不正，不知所止。九四不应，不知所行，只能尝试，小狐濡尾，方知其患，在于未能预知。

九二，曳其轮，贞吉。

《象》曰：九二贞吉，中以行正也。

九二处坎险之中，不得位，故陷于险中。既然如此，不如处中行正，亦能无过。

六三，未济，征凶，利涉大川。

《象》曰：“未济，征凶”，位不当也。

六三不正，居两阳之中，所应六五不正，阴阳未和，未济而凶。然其能以柔乘刚，位于坎之上、离之下，将出乎坎，有利涉过险河。

九四，贞吉，悔亡；震用伐鬼方，三年，有赏于大国。

《象》曰：“贞吉，悔亡”，志行也。

九四失正而悔，动而变正，则得位而正吉。犹出于险难，居文明之初，虽不得位，而志在于正，吉而悔亡。周曾助殷征伐鬼方，耗时三年，得商王赏赐。是言位虽不正，若守其阳刚，行乎志向，可有小成。

六五，贞吉，无悔；君子之光，有孚吉。

《象》曰：“君子之光”，其晖吉也。

六五以柔居离中，离主文明。守于离中，以君子之德守业，虽未济而可无悔，亦能自修而充实，充实其德而盛大之，德隆之，善行之，而臻于有成。

上九，有孚于饮酒，无咎；濡其首，有孚失是。

《象》曰：饮酒濡首，亦不知节也。

上九失正居上，应于三，其位不正而应于下。下坎有酒食之象，上多穷，其能卑下，而无咎。未济而知濡首之危，是以能诚中。诚中在饮酒而非济河，其情可嘉，其志失当。初爻言不知极，上爻言不知节。初爻居下而卑，无远志；上爻居上而下求，无节制。未济之未，非不能也，乃不为也。

今按：未济言事业未成之由。初六柔弱无志而不知济；九二守正但求无过而不愿济；六三处坎险之中而不能济；九四能伐求赏而不尚济；六五有德能吉而不为济；上九迷恋饮酒而不求济。既济卦阴阳得位而少吉，然事能成，在于诸爻利用时位而成之。未济卦阴阳错位而多吉，事不成，在于诸爻自求其福而不合力。既济之既，在于临祸患而能为之；未济之未，在于恋小富而自安之。

系辞上

天尊地卑，乾坤定矣。卑高以陈，贵贱位矣。动静有常，刚柔断矣。方以类聚，物以群分，吉凶生矣。在天成象，在地成形，变化见矣。是故刚柔相摩，八卦相荡。鼓之以雷霆，润之以风雨；日月运行，一寒一暑。乾道成男，坤道成女。乾知大始，坤作成物。乾以易知，坤以简能；易则易知，简则易从；易知则有亲，易从则有功；有亲则可久，有功则可大；可久则贤人之德，可大则贤人之业。易简而天下之理得矣。天下之理得，而成位乎其中矣。

此言《周易》仿象天地秩序而建立学理体系。天地变化，以气为本。气之轻清者上行而天，得其阳，故而尊。重浊者下沉而为地，得其阴，故而卑。乾为天而坤为地，上下、尊卑、贵贱相类而分。阳动而阴静，阳刚而阴柔，以此推断万物之理、人伦之序，可断其吉凶，顺其趋势则吉，乖其时运则凶。八卦取象天地山泽雷风水火，言天地秩序，体现日月寒暑变化规律，以探寻人类行为之祸福转化。天之变动形成时间，地之成形而为空间。天有序而能明，为智；地有形而能定，为能。故天地变化可以理解，变化规律可以效法。若能依天地变化规律行事，便能遵从万物之根本法则，以简驭繁，可成就事业。

圣人设卦观象，系辞焉而明吉凶，刚柔相推而生变化。是故吉凶者，失得之象也；悔吝者，忧虞之象也；变化者，进退之象也；刚柔者，昼夜之象也。六爻之动，三极之道也。是故君子所居而安者，《易》之序也；所乐而玩者，爻之辞也。是故君子居则观其象而玩其辞，动则观其变而玩其占，是以“自天祐之，吉无不利”。

此言卦爻依天地秩序而设，人行事不悖天地常理则可获护佑。伏羲氏仰观象于天，俯观法于地，中观万物之宜，结合天地、自然的情状而形成思维模型。始画八卦，卦有三爻，因而重之，为六十四卦，寄托自然规律和人事变化的经验，合于自然规律人类经验则吉，逆之则凶。故《周易》以吉凶象征得失，以忧虞象征悔吝，以进退象征变化，以昼夜象征刚柔。六爻的变动规律，寄托了天地人之互动关系。易家认为要理解天地人事的秩序，才能安身立命；熟知其爻辞，就能品察万物情状。后人常借助《周易》理解天地万物社会人事，乃循行天地之道，无往而不利。

彖者，言乎象者也；爻者，言乎变者也。吉凶者，言乎其失得也；悔吝者，言乎其小疵也。无咎者，善补过者也。是故列贵贱者存乎位，齐小大者存乎卦，辩吉凶者存乎辞，忧悔吝者存乎介，震无咎者存乎悔。是故卦有小大，辞有险易；辞也者，各指其所之。

此释卦爻辞的通例。彖与象断一卦之义，爻以变动言吉凶。吉凶本乎得失，悔吝在于疵误。因此，卦爻中所见的吉凶为客观存在，能逢凶化吉而无咎者，皆在于随时补过。初爻为庶人、二爻为士、三爻为大夫、四爻为公卿、五爻为君位，上爻为宗庙、为圣人。故读卦知尊卑，察爻知上下。天阳地阴，阳卦大而阴卦小，读之知长幼之序。卦辞爻辞言吉凶，爻象细微差别存有悔吝之义，能从中悟出祸福吉凶之礼而改过、少过，是为读易、研易、玩易之关键。

《易》与天地准，故能弥纶天地之道。仰以观于天文，俯以察于地理，是故知幽明之故；原始反终，故知死生之说；精气为物，游魂为变，是故知鬼神之情状。与天地相似，故不违；知周乎万物而道济天下，故不过；旁行而不流，乐天知命，故不忧；安土敦乎仁，故能爱。范围天地之化而不过，曲成万物而不遗，通乎昼夜之道而知，故神无方而《易》无体。

此言《周易》之所以为后世所宗之故。易言天地之道，概括天文、地理、幽明变化的规律。幽明者，天地变化之两端也，纯阳而为明，纯阴而为幽。天地变化在乎幽明之间，周而复始，生生不息，死而不绝，是为天地之大德，又为阴阳变动之根本。人之生，在于阴阳之精气灌注其中，是为魂魄；天地之精气消则魂飞魄散，是为生命之逝。精气在人有神，精气散人为鬼，神明而鬼幽。人体合于天地之道，人事合于天地之理，按照天地之理做事则易成，悖逆天地法则做事则易败。故读《易》之法，在于洞察人情世故，洞晓天地秩序与变化规律。

一阴一阳之谓道，继之者善也，成之者性也。仁者见之谓之仁，知者见之谓之知，百姓日用而不知，故君子之道鲜矣。显诸仁，藏诸用，鼓万物而不与圣人同忧，盛德大业至矣哉！富有之谓大业，日新之谓盛德。生生之谓易，成象之谓乾，效法之谓坤，极数知来之谓占，通变之谓事，阴阳不测之谓神。

此言《周易》之德义。阴阳共生而互根、相互依存，为宇宙运行的基本规律。能理解并依照其道而运行为善。善者，做事适当恰当得当；能依照阴阳之道而体物之性者，方能成其业。阴阳之道见诸万物，故而仁者见仁、智者见智。百姓按照阴阳之道行事，但却不能讲明阴阳之理，因而君子所言所行能为人理解者少之又少。当以仁爱之心察易，将阴阳之道、仁爱之心藏于用易中，阴阳化育万物，为而不忧。圣人忧万物不和阴阳之道，然二者体察万物之盛德同矣。易法象天地，广大悉备，是为富有；其旁通变化，日增其德，是为日新；广而能大，日而能新，故可资大业，可成盛德。易卦生生不息，循环往复，法象天地，穷及数理，能占问吉凶，能通变古今，神秘不测，可洞达万事万物。

夫《易》广矣大矣，以言乎远则不御，以言乎迩则静而正，以言乎天地之间则备矣。夫乾，其静也专，其动也直，是以大生焉。夫坤，其静也翕，其动也辟，是以广生焉。广大配天地，变通配四时，阴阳之义配日月，易简之善配至德。

此言《周易》之蕴含广大。易之广大，在于备悉天地万物，远之无止境，近之明纤毫。乾天之静，在乎专一，其动在于刚直；坤地之静，在于闭合，其动在于打开。天地一开一合，自然万物既可以大生也可广生。天地之广大，在于生养万物，四时之长久在于变化通达。阴阳秩序通过日月可以理解，易所体现的恰如其分，要见诸至高的德行。有大格局，方能体味其中俯仰宇宙的境界。

子曰："《易》，其至矣乎！夫《易》，圣人所以崇德而广业也。知崇礼卑，崇效天，卑法地。天地设位，而《易》行乎其中矣。成性存存，道义之门。"

此言《周易》引申之义广远。孔子言《易》几乎概括了天地最根本的规律，将之改造为崇德广业之说，以天尊地卑确立尊卑等级观念，形成礼制以固定人世间的秩序。由此形成的孔门易，将《周易》改造为修身养性之书，寄托义理之文，可以体察万物之性，理解天地之运行规律、基本法则和核心德义。

圣人有以见天下之赜，而拟诸其形容，象其物宜，是故谓之象。圣人有以见天下之动，而观其会通，以行其典礼，系辞焉以断其吉凶，是故谓之爻，言天下之至赜而不可恶也，言天下之至动而不可乱也。拟之而后言，议之而后动，拟议以成其变化。

此言《周易》之精微。天地运行秩序深奥微妙，非一般人所能见诸，故易卦用象来概括万物的形态及其属性，并将形态的变动和属性稳定组合起来，用以描述天下物理，进行融汇变通。结合人世间的礼法，将卦爻配上卦辞和爻辞，以概括吉凶规律，从而形成千变万化的爻象。卦爻皆是天地秩序的体现，吉凶祸福寄寓其中，不能以喜恶择之，一卦一爻皆是阴阳微妙变化的体现，不可等闲视之。当推断而后置言，审察而后确认，方可于细微处见诸大态势。

“鸣鹤在阴，其子和之。我有好爵，吾与尔靡之。”子曰：“君子居其室，出其言善，则千里之外应之，况其迩者乎？居其室，出其言不善，则千里之外违之，况其迩者乎？言出乎身，加乎民；行发乎迩，见乎远。言行，君子之枢机。枢机之发，荣辱之主也。言行，君子之所以动天地也，可不慎乎！”

此后七例为孔子对卦爻辞的理解，阐释如何读卦爻辞中所寓修身养性之理。如中孚卦九二：“鸣鹤在阴，其子和之，我有好爵，吾与尔靡之。”孔子理解君子立身立言，影响广远，虽在居室之中，然千里之外能应和之，反之亦然。读此爻辞时，当反思自己言论出于口，其力量必加于百姓，要慎言慎行。小而言之，关乎个人荣辱；大而言之，关乎天下安危。

“同人：先号咷，而后笑。”子曰：“君子之道，或出或处，或默或语。二人同心，其利断金。同心之言，其臭如兰。”

同人卦九五：“先号咷，而后笑。”孔子理解为君子安身立命，无论出世入世，无论言说沉默，皆要交心于人。以诚相待，言行一致，可以成大事，可以交益友，可以通心气，可以成约定。

“初六，藉用白茅，无咎。”子曰：“苟措诸地而可矣，借之用茅，何咎之有？慎之至也。夫茅之为物薄，而用可重也。慎斯术也以往，其无所失矣。”

大过卦初六：“藉用白茅，无咎。”孔子言其所用白茅，在于谨慎恭敬，以此理解君子做事慎始，恭敬慎重，善始善终，便不会铸成大错。

“劳谦，君子有终，吉。”子曰：“劳而不伐，有功而不德，厚之至也。语以其功下人者也。德言盛，礼言恭；谦也者，致恭以存其位者也。”

谦卦九三：“劳谦，君子有终，吉。”孔子理解为君子有功劳而能谦虚，方能善终。劳而不伐，有功而不德，是为忠厚；忠厚之德日隆，却能够谦和趣下，方能保全其身、保全其位。

“亢龙有悔。”子曰：“贵而无位，高而无民，贤人在下位而无辅，是以动而有悔也。”

乾卦上九：“亢龙有悔。”孔子理解为身份高贵却无权位，在于高高在上而脱离百姓，有德有能之人不愿辅佐，只能徒增悔恨。

“不出户庭，无咎。”子曰：“乱之所生也，则言语以为阶。君不密则失臣，臣不密则失身，几事不密则害成。是以君子慎密而不出也。”

节卦初九：“不出户庭，无咎。”孔子理解为乱之所生，在乎萧墙之中，在于行事不密，人不周密则毁身，事不周密则不成。

子曰：“作《易》者，其知盗乎？《易》曰‘负且乘，致寇至。’负也者，小人之事也。乘也者，君子之器也。小人而乘君子之器，盗思夺之矣。上慢下暴，盗思伐之矣。慢藏诲盗，冶容诲淫。《易》曰：‘负且乘，致寇至。’盗之招也。”

解卦六三爻辞，言人负物乘车，不能量身而行，以贱贪贵，违礼背义，有侵夺之心。孔子言卦爻辞之作者世事洞明，方能以庶民之事喻上下秩序。小人不思至德之行，意在侵夺他人之物而为己用。治国理政亦如是，若不能禁止侵夺之念，天下盗寇必起。若在上位者怠慢而懒于收藏，在下位者必然暴戾而敢于侵夺，天下之乱，遂由此而生。

由此来看，孔子读《易》，非拘泥于训诂，而讲求其中蕴含的德义，举一反三，以察修身养性之道、立德立业之法，用以进德修业，涵养德行。

大衍之数五十，其用四十有九。分而为二以象两，挂一以象三，揲之以四以象四时，归奇于扐以象闰；五岁再闰，故再扐而后挂。天数五，地数五，五位相得而各有合。天数二十有五，地数三十，凡天地之数五十有五，此所以成变化而行鬼神也。《乾》之策二百一十有六，《坤》之策百四十有四，凡三百六十，当期之日。二篇之策，万有一千五百二十，当万物之数也。是故四营而成《易》，十有八变而成卦，八卦而小成。引而伸之，触类而长之，天下之能事毕矣。显道神德行，是故可与酬酢，可与祐神矣。

此言大衍筮法。凡天地之数五十有五，天数二十有五，地数三十，见于河图。五居中间，周围五十流通四周，而体阴阳变化，故大衍之数，用乎五十。

以五十为用，推算阴阳流转，取四十九策蓍草分为两部分：一部分横置于上以象天，一部分横置于下以象地。在象征

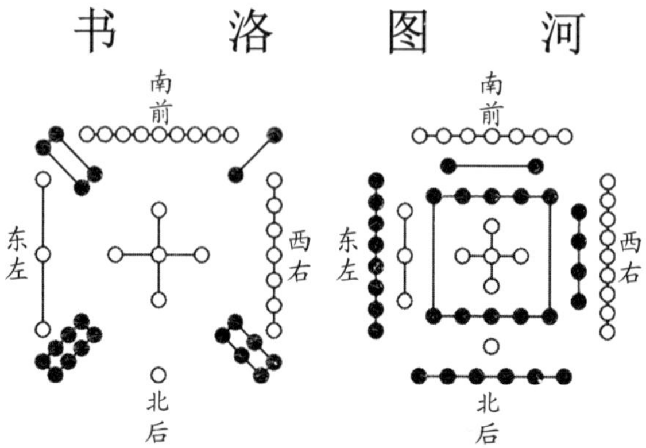

天数的蓍草中，分出一根蓍竖置上下之间，如人立于天地之间，故曰“挂一”。以配两仪，以象“三才”，天地人相应。将蓍草以每四策为一组数之，以象四时。将所余之蓍草置于右。以上为一变。然后将两部分蓍草合并为一，以上法数之，为二变。再合而为一，以上法数之，为三变。三变得其一爻，六爻成一卦，如此繁复，方能显现天地四方运行的微妙变动，以作为吉凶象征。

六十四卦以变爻占吉凶，乾卦六位爻数皆为可变之老阳爻，每爻蓍草九揲，每揲四策，共二百一十六策。坤卦六爻皆为可变之老阴爻，每爻蓍草六揲，每揲四策，共一百四十四策。两卦共三百六十策，当一年三百六十日。六十四卦，每卦六爻，共三百八十四爻，阳爻与阴爻各为一百九十二爻。一阳爻蓍草九揲三十六策。一百九十二阳爻则合为六千九百一十二策。一阴爻蓍草六揲二十四策。一百九十二阴爻则合为四千六百零八策。两者相加共一万一千五百二十策，以象征万物之数。大衍筮法中形成七、八、九、六共四种余数，七为少阳，八为少阴，九为老阳，六为老阴，是为“四象”。四种爻象构成六十四卦。揲策时，三变成一爻，一卦六爻，故十八变成一卦。象征各基本属性，是为小成；叠为六十四卦，可以象征天下之事，故可通鬼神、可与祭祀、可应酬酢、可以观物、可以应事、可行天下。

子曰：“知变化之道者，其知神之所为乎？”《易》有圣人之道四焉：以言者尚其辞，以动者尚其变，以制器者尚其象，以卜筮者尚其占。是以君子将有为也，将有行也，问焉而以言，其受命也如向。无有远近幽深，遂知来物。非天下之至精，其孰能与于此？参伍以变，错综其数。通其变，遂成天地之文；极其数，遂定天下之象。非天下之至变，其孰能与于此？《易》无思也，无为也，寂然不动，感而遂通天下之故。非天下之至神，其孰能与于此。夫《易》，圣人之所以极深而研几也。唯深也，故能通天下之志；唯几也，故能成天下之务；唯神也，故不疾而速，不行而至。子曰：“《易》有圣人之道四焉”者，此之谓也。

此言《易》之应物应事如有神助，在于其有辞、有变、有象、有占，因人而异，以成其用。君子以卦爻辞明是非得失，以其象占探寻未来走势。故观察各爻之间的复杂关系，可以知《易》之精微。观察卦爻之变，可知《易》之文明；观察易卦爻之数，可知天下物理；天下事务形态多而《易》皆能概括之，是其简易，故能感通天下、神妙无比。学《易》，要深研其象义而观察其微妙变动，方能探寻天下人之好恶之本，并能预见其行事之法。以静制动，以简驭繁，无为而无不为。

天一，地二，天三，地四，天五，地六，天七，地八，天九，地十。子曰："夫《易》何为者也？夫《易》开物成务，冒天下之道，如斯而已者也。"是故圣人以通天下之志，以定天下之业，以断天下之疑。是故蓍之德圆而神，卦之德方以知，六爻之义易以贡。圣人以此洗心，退藏于密，吉凶与民同患。神以知来，知以藏往，其孰能与此哉！古之聪明睿知，神武而不杀者夫！是以明于天之道，而察于民之故，是兴神物以前民用。圣人以此齐戒，以神明其德夫！是故阖户谓之坤，辟户谓之乾，一阖一辟谓之变，往来不穷谓之通，见乃谓之象，形乃谓之器，制而用之谓之法，利用出入，民咸用之谓之神。

此言易教之法，在于导民向善。天阳用奇数，地阴用偶数。易之数理，在于数字为用，以此言万物之本，言天下之道，以有助于人推演未解之谜、不测之事、未来之疑。之所以借助蓍草，在于其形体圆则象天如神，卦形方则象地为智，以蓍卜卦，如有神助，更为灵验。日积月累形成六爻，用以测算未知之事。伏羲、文王等将之总结完善，借助易卦引导百姓洗涤恶念，以培养其诚明之心，借助历史经验，作为判断吉凶祸福的借鉴。唯有聪明睿智如此、神武仁慈如此者，方能将民间占卜之象数合于义理而出之，以通天下之志、以断天下之疑。以神道之法设立教化，借助占卜导引百姓近善远恶。在这其中，乾坤为天地之门，其开时万物出，其闭时万物入，一开一闭，万物生生不息，是为通；变化不居，而成象。易象赋形而为器，制器尚象而为法，百姓利用器物，出入通变之中，日用而不知，视之为神。

是故《易》有太极，是生两仪，两仪生四象，四象生八卦，八卦定吉凶，吉凶生大业。是故法象莫大乎天地；变通莫大乎四时；县象著明莫大乎日月；崇高莫大乎富贵；备物致用，立成器以为天下利，莫大乎圣人；探赜索隐，钩深致远，以定天下之吉凶，成天下之亹亹者，莫大乎蓍龟。是故天生神物，圣人则之；天地变化，圣人效之；天垂象，见吉凶，圣人象之；河出图，洛出书，圣人则之。《易》有四象，所以示也。系辞焉，所以告也；定之以吉凶，所以断也。

此言《易》之建构原理。《易》之阴阳，是为两仪。两仪之前，是为太极，太极为阴阳未判之时、之形、之态、之体。两仪分为阴阳，阴阳赋形为天地，天地相合为太阴六、太阳九、少阴八、少阳七，是为四象，赋形为四时。四象复生八卦，八卦重为六十四卦，层层组合，愈加繁复，以此寄托吉凶之义。理解易象，最体现阴阳的是日月之象，最体现关系的是尊卑之象，人世间所关注的，不过是寿夭贫富贵贱吉凶之事。作《易》者以象言之，万物皆可以寄寓其中，明察秋毫可以探赜索隐，触类旁通可以钩深致远，这样便可以借助占卜鼓励天下人勤勉奋进、趋吉避凶。天生神物也罢，天生祥瑞灾异之象也罢，制《易》者借助天象、地理以及神物形成易卦、易象，目的在于神道设教，以之教化百姓而成就大事。

《易》曰："自天祐之，吉无不利。"子曰："祐者，助也。天之所助者，顺也；人之所助者，信也。履信思乎顺，又以尚贤也。是以'自天祐之，吉无不利'也。"子曰："书不尽言，言不尽意。"然则圣人之意，其不可见乎？子曰："圣人立象以尽意，设卦以尽情伪，系辞焉以尽其言。变而通之以尽利，鼓之舞之以尽神。"

此言《易》之神妙莫测。大有卦上九爻辞所言天佑之说，孔子理解为天所以助人，在于人能自助，天不过顺应人之德而成事。人能诚信，又能尚贤，自然能成事，是为自助如天助。作易者以象言意，象无尽而言有穷。故而读《易》，当知道"立象以尽意，设卦以尽情伪，系辞以近其言"的原则，如此才能理解《周易》的象、卦、辞之间的关系，便可以应对自然社会的千变万化，可以引导百姓趋吉避凶。

乾坤，其《易》之缊邪？乾坤成列，而《易》立乎其中矣。乾坤毁，则无以见《易》。《易》不可见，则乾坤或几乎息矣。是故形而上者谓之道，形而下者谓之器，化而裁之谓之变，推而行之谓之通，举而措之天下之民谓之事业。是故夫象，圣人有以见天下之赜，而拟诸其形容，象其物宜，是故谓之象。圣人有以见天下之动，而观其会通，以行其典礼，系辞焉以断其吉凶，是故谓之爻。极天下之赜者存乎卦，鼓天下之动者存乎辞；化而裁之存乎变；推而行之存乎通；神而明之存乎其人；默而成之，不言而信，存乎德行。

此言《周易》通天下之事业。乾坤为《周易》之门户，乾阳坤阴、乾主坤辅、乾尊坤卑决定了《周易》的基本规律。阴阳、主辅、尊卑秩序不明，则不知易卦之根本规律。易卦言形而上者，是为道，用卦则结合形而下者，是为器。因此，用《易》要学会化而裁之，是为变；解《易》要能推而行之，是为通。掌握了道与器、变与通，便能率天下之民成就伟大事业。作《易》者，正是借助天地万物细微的征兆，将之作为观察未来趋向的依据；借助于《易》之卦、爻、辞，以其象、德、义来预测未来、引导百姓走向未来。卦爻是天下征兆的象征，卦爻辞是讲给天下人听得懂的经验和道理。因此，用《易》时要能会通道理、德义、卦象、卦辞，引导天下人趋吉避凶，成就大业。《易》中蕴含的所有神妙、高明，只有见诸人事才有意义，因此学《易》的目的，在于理解阴阳此消彼长的道理，明晓人文理性的重要。天不言而四时成，《易》不言而能万物存，圣人不言而百姓教化立。故君子学《易》，贵默识而成其德行。

系辞下

八卦成列，象在其中矣；因而重之，爻在其中矣；刚柔相推，变在其中焉；系辞焉而命之，动在其中矣。吉凶悔吝者，生乎动者也；刚柔者，立本者也；变通者，趣时者也。吉凶者，贞胜者也；天地之道，贞观者也；日月之道，贞明者也；天下之动，贞夫一者也。夫乾，确然示人易矣；夫坤，隤然示人简矣。爻也者，效此者也；象也者，像此者也；爻象动乎内，吉凶见乎外，功业见乎变，圣人之情见乎辞。天地之大德曰生，圣人之大宝曰位。何以守位？曰仁。何以聚人？曰财。理财正辞、禁民为非曰义。

此言易象生成原理及其蕴含的德义。八卦象八事，以象言之；重为六十四卦，以爻象之。阳刚而阴柔，刚柔相济，柔去而刚来，刚去而柔至，变化无穷，是为三百八十四爻。系以卦辞、爻辞，便可观察天地人事的变动规律。其中蕴含的吉凶悔吝，象之以爻、辞，应之以人、事，形成了易象系统。其中，柔者，谦退也；刚者，进取也；故读爻而知进退。可行者，吉也；不可行者，凶也；做而有失者，悔也；过而谨慎者，吝也，故读辞可以知得失。人能变通者，在于根据一时一地一事而调整。身正事成而吉，身邪事奸为凶，阳正而阴贞，天地万事万物，皆以贞正守一为本，日月星辰，皆以明静守恒为本。乾为天道，在于守一；坤为地道，在于守恒。一之为易，恒之为易，天地之道，简易如此。可以说，学《易》在于以简驭繁，而非层累其学，至于杂芜而不可解。因此，观爻、观象、观变、观动，在于以简为用。爻象变动于一卦之间，吉凶验证于人事之中。研《易》要明白趋吉避凶之道，可以体察爻辞所言之事、之义、之情，体会作《易》者的良苦用心。天地以生生不息之德化育万物，圣人以循循善诱之说告诫世人，皆在于生即此物便成物事，身在此位便谋其职，不在其位便寡言少怨。以仁守位，以财聚人，以制度条令理民，禁私欲、成正义，可使天下太平。

古者包牺氏之王天下也，仰则观象于天，俯则观法于地，观鸟兽之文与地之宜，近取诸身，远取诸物，于是始作八卦，以通神明之德，以类万物之情。作结绳而为网罟，以佃以渔，盖取诸《离》。包牺氏没，神农氏作，斵木为耜，揉木为耒，耒耨之利，以教天下，盖取诸《益》。日中为市，致天下之民，聚天下之货，交易而退，各得其所，盖取诸《噬嗑》。神农氏没，黄帝、尧、舜氏作，通其变，使民不倦，神而化之，使民宜之。《易》穷则变，变则通，通则久。是以“自天祐之，吉无不利”。黄帝、尧、舜垂衣裳而天下治，盖取诸《乾》《坤》。刳木为舟，剡木为楫，舟楫之利以济不通，致远以利天下，盖取诸《涣》。服牛乘马，引重致远，以利天下，盖取诸《随》。重门击柝，以待暴客，盖取诸《豫》。断木为杵，掘地为臼，杵臼之利，万民以济，盖取诸《小过》。弦木为弧，剡木为矢，弧矢之利，以威天下，盖取诸《睽》。上古穴居而野处，后世圣人易之以宫室，上栋下宇，以待风雨，盖取诸《大壮》。古之葬者，厚衣之以薪，葬之中野，不封不树，丧期无数。后世圣人易之以棺椁，盖取诸《大过》。上古结绳而治，后世圣人易之以书契，百官以治，万民以察，盖取诸《夬》。是故《易》者，象也；象也者，像也。彖者，材也；爻也者，效天下之动者也。是故吉凶生而悔吝著也。

此言易学形成过程。《易》之作成，在于取法天地人身之象，以类人世万端之理。伏羲作八卦，取象风、雷、火于天，取象川、泽、山于地。将自然生物与八卦之性相类，如乾为马，坤为牛，震为龙，巽为鸡，坎为豕，离为雉，艮为狗，兑为羊。将人身部位与八卦之性相类，如乾为首，坤为腹，震为足，巽为股，坎为耳，离为目，艮为手，兑为口。如此类推，八卦可以象征天下之事物，故八卦之变动规律，可以阐释天下万物之变动。

后世循此例，重为六十四卦，以类万物之详情。如伏羲结绳为网罟如文，以耕种渔猎，取于《离》文明之象。神农耕作，制作耒耨，如风驱木变形，取法《益》木动之象。聚民为市，日中而聚，日落而散，交易物资，各取所需，取法《噬嗑》人合物交之象。黄帝、尧、舜垂拱而治，在于知通变之理，使民得益，免民疾苦，百姓各得其用。取《乾》之自强不息、用《坤》之厚德载物而成治。以木为舟，浮行水上，应于《涣》卦木行水上而渡坎水、以济不通之象。驭牛马驾车而运重物，应于《随》卦畜行车前之象。击柝而防备盗贼，如《豫》卦持有声之物震于远方。断木为杵，掘地为臼，捣米碎粮，象于《小过》震动有声之木于谷实之上。加弦于木而为弓，削尖而作箭头，象合于《睽》有纠纷而决以弓矢。穴居野处之时，有栋梁房屋之造，以御风雨，取象于《大壮》上雷雨下穹隆之象。后世以棺椁葬人，与《大过》木入坑中之象相应。以书契记事，则与《夬》卦竹刀之象相合。可见，《易》之形成，既是人类生产生活经验之总结，又指导后世生产生活之发展。

故《易》之为用，在于以象言类，为《易》之本；以彖断其事，为卦之德；以爻明其变化方式，为变之法，通过象、彖、爻便可以判断天下万事万物的吉凶悔吝。

阳卦多阴，阴卦多阳，其故何也？阳卦奇，阴卦耦。其德行何也？阳一君而二民，君子之道也。阴二君而一民，小人之道也。

此言卦中阴阳变化的含义。乾卦纯阳，坤卦纯阴，震、坎、艮三阳卦，巽、离、兑三阴卦。乾三画为奇，震、坎、艮五画为奇。坤六画，巽、离、兑四画而偶。震、坎、艮三阳卦一君而二民，官少而民多，损有余而益不足，是为君子之道。巽、离、兑三阴卦二君一民，官多而民少，损不足而补有余，是为小人之道。故《易》之中所蕴治道亦深矣。

《易》曰“憧憧往来，朋从尔思。”子曰：“天下何思何虑？天下同归而殊途，一致而百虑。天下何思何虑？日往则月来，月往则日来，日月相推而明生焉。寒往则暑来，暑往则寒来，寒暑相推而岁成焉。往者屈也，来者信也，屈信相感而利生焉。尺蠖之屈，以求信也；龙蛇之蛰，以存身也。精义入神，以致用也；利用安身，以崇德也。过此以往，未之或知也；穷神知化，德之盛也。”

此言卦中所寓变化规律。《咸》九四失位无应，感于上而不得，欲感于初而受阻，往来不定，欲各得其位而不得，故心神不宁而思其朋。孔子读至此而言“天下同归而殊途，一致而百虑”，从中体察到天地万物的往来之道。所谓往者，欲求其事而屈从；所谓来者，欲成其事而进取，一屈一伸，一往一来，利于物而事成，利于人则身修。尺蠖之屈在于求其伸，龙蛇之蛰在于存其身，志向之不得行而蛰伏屈服，正是为了未来一展抱负。读《易》当体察其精义，明白其精要，感悟其神明之处。方才明白其致用之道，既可以用于安身，也可以用于崇德。由此而明白往来、屈伸、进退、成败之道，则能洞察易之微妙，穷究事理，熟悉事物，此方能学易之盛德。

《易》曰："困于石，据于蒺藜，入于其宫，不见其妻，凶。"子曰："非所困而困焉，名必辱。非所据而据焉，身必危。既辱且危，死期将至，妻其可得见耶？"

此后数例为孔子读爻辞之感悟。困卦六三失位，履非其地，上比九四之不正而困，下乘九二之蒺藜，只能应于上六，然入其宫而不见其妻，是为凶。孔子读之而认为：九四不正，何必攀附？同声相应，同气相求，比于不正之人，实乃自取其困，自取其辱。六三为阴而柔，何必乘阳？不在其位，不谋其政，既非所居，其身必危，其身必辱，何苦如此？

《易》曰："公用射隼于高墉之上，获之，无不利。"子曰："隼者，禽也；弓矢者，器也；射之者，人也。君子藏器于身，待时而动，何不利之有？动而不括，是以出而有获，语成器而动者也。"

解卦上六爻言于高墉之上射隼，自上攻下，以正攻逆，顺势取之，无所不利。孔子释为君子藏器于身，待时而动，在于强调人之做事，不必强取，而需待以时日。可动之时，雷霆万钧，一举而定。

子曰："小人不耻不仁，不畏不义，不见利不劝，不威不惩。小惩而大诫，此小人之福也。《易》曰：'屦校灭趾，无咎。'此之谓也。"

孔子言无才德之小人，不知羞耻，无仁爱之心，不惧真理，不行道义，做事但求己利而非勤勉为公，只能加以刑威而惩戒其过。故管束小人，要随时随地惩戒使之不危害大事，以教代诛，方能使得小人免祸。噬嗑卦初九爻辞所言，加之刑具，惩以小过，久而久之，可使其不犯大过，正是此理。

"善不积不足以成名，恶不积不足以灭身。小人以小善为无益而弗为也，以小恶为无伤而弗去也，故恶积而不可掩，罪大而不可解。《易》曰：'何校灭耳，凶。'"

人之成名，在于积善；人之亡身，在于集恶。小人看不到小善之回报而不行善事，看不到小恶之伤德而常生恶念。多行不义必自毙，最终伤德毁身，终不可消解。噬嗑卦上九爻辞所言罪大恶极者，皆为不听善劝，不行善事，小恶常积，大错铸成，最终身亡而恶死。

子曰："危者，安其位者也；亡者，保其存者也；乱者，有其治者也。是故君子安而不忘危，存而不忘亡，治而不忘乱，是以身安而国家可保也。《易》曰：'其亡其亡，系于苞桑。’”

人唯有知危，方能安其位；唯有知亡，方能存其身；唯有知乱，方能成其治。人生在世，要能做到居安思危，处安防患，得治备乱，从小事防备，从细处入手，故否卦九五爻辞言“系于苞桑”，便是时刻保持警惕，以免豫逸疏忽大意而毁于一旦。

子曰：“德薄而位尊，知小而谋大，力少而任重，鲜不及矣。《易》曰：‘鼎折足，覆公餗，其形渥，凶。’言不胜其任也。”

事何以倾覆？在于德行低而职位高，智能少而欲望大，能力小而管事多。鼎卦九四之爻辞所言倾覆之状，孔子因象而言事，最能见出由象及德之省思至深矣！

子曰：“知几其神乎！君子上交不谄，下交不渎，其知几乎？几者，动之微，吉之先见者也。君子见几而作，不俟终日。《易》曰：‘介于石，不终日，贞吉。’介如石焉，宁用终日？断可识矣。君子知微知彰，知柔知刚，万夫之望。”

孔子玩《易》不倦，最能体察其中蕴含修齐治平之理。其言易之微妙，在于能应乎世道人心。豫卦之六二爻辞，言得位居中，守介如石，见几则动，不必待终某一日也。孔子认为君子对上交往而不谄媚，对下交际而不轻慢，最懂易之微妙之处。君子之断然，在于察几而动。若道不行时，则守身如玉，守志若磐石，能隐则隐，立其德；当显则显，立其功；能刚则刚，立其名；当柔则柔，立其身。

子曰："颜氏之子，其殆庶几乎？有不善未尝不知，知之未尝复行也。《易》曰：'不远复，无只悔，元吉。'"

颜回为孔门弟子德行第一，其未必不知恶而常为善事，知错而从不二过。人之德行，一是不怀恶念，二是不重复过错。孔子引复卦初九爻辞言行不远而返，犹言知小非而能改，可免大悔。

天地絪缊，万物化醇。男女构精，万物化生。《易》曰：'三人行则损一人，一人行则得其友。'言致一也。

天地交泰，万物化育，此乃天常。男女构精，万物化生，此乃人常。常者，不变之理也，恒常之事也。损卦六三爻辞言人之众，则各有所想所思所行。众说纷纭则难取舍，一人行令则号令统一。孔子以之为常理，最能见出人心之危。

子曰："君子安其身而后动，易其心而后语，定其交而后求。君子修此三者，故全也。危以动，则民不与也；惧以语，则民不应也；无交而求，则民不与也；莫之与，则伤之者至矣。《易》曰：'莫益之，或击之，立心勿恒，凶。'"

孔子言成事之法，安身立命而后做事，心平气和而后发言，确定彼此关系而合作。知三者，可全其事、全其言、全其友。若贸然而行事则无人理会，轻率而发言则无人响应，无交谊而有求则无人帮助。益卦上九爻辞所言之无人助益，有人攻击，在于其不能持恒全之道。

上述十一例皆举一爻象而应人事，最能看出孔子解《易》之法，在于察诸象内而见诸象外。

子曰："乾坤，其《易》之门耶?"乾，阳物也；坤，阴物也。阴阳合德而刚柔有体。以体天地之撰，以通神明之德。其称名也，杂而不越。于稽其类，其衰世之意邪？夫《易》，彰往而察来，而微显阐幽，开而当名辨物，正言断辞则备矣。其称名也小，其取类也大。其旨远，其辞文，其言曲而中，其事肆而隐。因贰以济民行，以明失得之报。

乾、坤为《易》之枢纽，在于其分别体现阴、阳的特性。天阳地阴，生生不息，故其德盛。所生万物，或刚或柔，各有其体，既能体现天地有常之数，又能体现变化万方之德。卦爻阴阳相从，刚柔有体，彼此各行其事，各在其位。其所言之事，或在殷商末年，但其能够总结前世经验，以为后世借鉴。其中所涉名物，所用言辞，皆精细准确，释卦爻，言辞义，皆精致恰当，条理分明。称名为比，取类相喻，以小见大，言近旨远。辞义显露，义理幽深，故能融通阴阳刚柔以占验，能确定得失成败而济民。

《易》之兴也，其于中古乎？作《易》者，其有忧患乎？是故《履》，德之基也；《谦》，德之柄也；《复》，德之本也；《恒》，德之固也；《损》，德之修也；《益》，德之裕也；《困》，德之辨也；《井》，德之地也；《巽》，德之制也。《履》，和而至；《谦》，尊而光；《复》，小而辨于物；《恒》，杂而不厌；《损》，先难而后易；《益》，长裕而不设；《困》，穷而通；《井》，居其所而迁；《巽》，称而隐。《履》以和行，《谦》以制礼，《复》以自知，《恒》以一德，《损》以远害，《益》以兴利，《困》以寡怨，《井》以辨义，《巽》以行权。

此言孔门易言卦之寄托。《易》之制作，一为伏羲之画八卦，二为文王为六十四卦配以卦爻辞，文王拘而演《易》，故其中多有忧患之辞。其感慨世风日下，故以《易》寄喻德行，是为卦德。《履》以辨上下，定民志，以道德自觉而行礼义，是为德之基。《谦》有空谷藏峰之象，言虚怀若谷，是为德之柄。《复》强调返归善道，始终如一，是为德之本。《恒》言恒以守正、久久为功，是为德之固。《损》减损不善、惩忿窒欲而能养德，故为德之修。《益》言充溢其德，增益善念，方能德高，是为德之裕。《困》言穷厄不能夺其志，中道守一，最能见人心志，是为德之辨。《井》言水能养人，君子以德养行，日渐迁善，是为德之地。《巽》申明号令，君子德风，是为德之制。故依照诸卦之德行事，便可以趋吉避凶。如行《履》则守礼而不争，行《谦》则尊崇而明通，行《复》则辨事物于细微而归于善道，行《恒》则容众而能耐烦，行《损》则先难而后益，行《益》则宽裕而养物，行《困》则处穷而不屈，行《井》而施德于人，行《巽》则申命成事而不自足。故读《履》而知中和为贵，读《谦》而知以礼制事，读《复》而能自知自明，读《恒》而能善始善终，读《损》可以远害，读《益》可以兴善，读《困》足以寡怨，读《井》能够辨义，读《巽》则知如何行权。故此章九卦，《履》《谦》《复》言进德之根本；《恒》《损》《益》言立身之大道；《困》《井》《巽》言入世之策略。

《易》之为书也，不可远，为道也屡迁。变动不居，周流六虚，上下无常，刚柔相易，不可为典要，唯变所适。其出入以度，外内使知惧。又明于忧患与故，无有师保，如临父母。初率其辞而揆其方，既有典常。苟非其人，道不虚行。

此言读卦关键在于知变。《周易》囊括自然人事之道，天地万物变动不居，故卦中六爻皆可变化，以应乎天地秩序的调整。《易》之变易的特征，在于阴阳相应，刚柔相易，远近相比，不可一言以蔽之，唯有以变化视之，方可洞悉其变动之法。人之用《易》，既要明易道之不易，又要明易德之简易，还能明易法之变易，方能守道居德而循乎法度，内足以循理，外足以应事。若能依《易》临事，虽无师保之教，如有父母耳提面命。循卦爻辞以观事，行事合乎易义，易理遂通矣。故千百年来读《易》者众而明易者少，然易之为道却通行天下，正在于其不易、简易、变易。

《易》之为书也，原始要终以为质也。六爻相杂，唯其时物也。其初难知，其上易知，本末也。初辞拟之，卒成之终。若夫杂物撰德，辨是与非，则非其中爻不备。噫！亦要存亡吉凶，则居可知矣。知者观其彖辞，则思过半矣。二与四同功而异位，其善不同；二多誉，四多惧，近也。柔之为道，不利远者；其要无咎。其用柔中也。三与五同功而异位，三多凶，五多功，贵贱之等也。其柔危，其刚胜耶？

此言读《易》要能知时。《周易》一书，察乎万物之始，推究万物之终，一卦之终，循环往复；六十四卦相系，周而复始。一卦之中，六爻相杂，得其时，应乎物，得时者吉，失时则凶。故读每卦初爻，难以知晓其义，若观乎六爻，则知全卦发展之阶段性。在于初爻之辞拟诸初起，上爻之辞定其结局。其中二、五爻分居上下卦中，最能体现卦德义是非。一卦的吉凶悔吝，观之可知大要矣。故知者读《易》，观其彖辞，可知一卦吉凶。二爻与四爻为阴位，功用相同，但二爻在下而居中，四爻在上而偏位，故其吉凶有别。二爻居于内卦之中，故多誉；四爻居于外卦之下，近五爻而多惧。阴爻行事，在于柔顺，宜近不宜远。其所以能无咎者，在于以柔顺为用，居中而守正。三爻与五爻为阳位，功用相同，但三爻居下卦偏位，五爻居上卦中位，偏正有别，三爻身处卑贱，却性情刚直，故多凶。五爻居中自持，其性情刚直，则多功。故人当其位，事逢其事，刚则刚行，柔则柔行，是为吉。

《易》之为书也，广大悉备。有天道焉，有人道焉，有地道焉。兼三才而两之，故六。六者非它也，三才之道也。道有变动，故曰爻；爻有等，故曰物；物相杂，故曰文；文不当，故吉凶生焉。

此言读《易》要能变通。六爻兼该天地人三才，初爻、二爻象地，三爻、四爻象人，五爻、上爻象天。爻者，天地人相交也；爻者，效也，效天地人相互变动者也。爻比类天地万物，万物相杂相用而成文，相杂之道成则吉，相杂之道乱则凶。故六爻可以象征天地人之变动规律。

《易》之兴也，其当殷之末世，周之盛德耶？当文王与纣之事耶？是故其辞危。危者使平，易者使倾；其道甚大，百物不废。惧以终始，其要无咎，此之谓《易》之道也。

此言用《易》要善观终始。《周易》形成之时，在于殷之末世，此时周之盛德形成。文王演《易》以察往知来，其中寄寓危世之虞。故其所用卦爻辞，常多惊惧之言，以此警戒后人。其用辞惊惧，意在使人居安思危，以避免倾覆。若能始终怀有警惧之心，因此用《易》的关键，要能善始善终，慎始慎终，无咎则功成，无事则身安。

夫乾，天下之至健也，德行恒易以知险。夫坤，天下之至顺也，德行恒简以知阻。能说诸心，能研诸侯之虑，定天下之吉凶，成天下之亹亹者。是故变化云为，吉事有祥。象事知器，占事知来。天地设位，圣人成能，人谋鬼谋，百姓与能。八卦以象告，爻彖以情言，刚柔杂居，而吉凶可见矣。变动以利言，吉凶以情迁。是故爱恶相攻而吉凶生，远近相取而悔吝生，情伪相感而利害生。凡《易》之情，近而不相得则凶。或害之，悔且吝。将叛者其辞惭，中心疑者其辞枝，吉人之辞寡，躁人之辞多，诬善之人其辞游，失其守者其辞屈。

此言学《易》要以卦辞、爻辞入，从卦理、爻理出。《乾》卦体现至刚至健至正之道，其德行恒常而平易，可以以之知险不足畏；《坤》卦体现至顺至柔至贞之道，其德行恒常而简易，可以以之知阻不足惧。以乾道知大难之险，以坤道知小难之柔。研习《易》，先能悦其道德于心，进而推断天下之兴亡成败，勤勉奋发而成就事业。《易》之付诸于事，在于能以细微征兆预知吉凶。卦象爻象，皆为物象，皆为事象，可以推类而知。作《易》者循天地之理而行事，故能成就事业。人谋者，因人情而察之；鬼谋者，因物理而察之，因人情物理而定行事之方式，可知吉凶得失。八卦之象，可告以物态；爻象之情，可以言事理；六爻相杂，可见诸吉凶。故察诸六爻变动，可知所论之事的变化方式。阴阳相合，相求相爱则吉，阴阳相离，相敌相攻则凶；一卦之间，应而不当为无应，比之不当则有凶，有凶则悔，无应则吝。情实相感则生利，虚伪相感则生害。《易》通人情，其言爻相近为比而不相得，则相憎相恶相贼相害，是为凶。同类不相得不相助而相害，既悔且吝。以《易》度之，人之将叛，其心虚而辞惭；人之疑虑，其心杂而辞乱；人之安吉，其辞少；人之躁急，其辞烦；善于诬陷他人者，其辞虚漫；失去操守者，其辞枉屈。

因此，读《易》当以辞入，以象出，以理用，以德成。辞以言其事，象以观其动，理以明其道，德以修其身。用《易》当以象为体，理为用，德为本，辞为末。象察其变化，理观其规律，德见于修为，辞用于沟通。

说　卦

昔者圣人之作《易》也，幽赞于神明而生蓍，参天两地而倚数，观变于阴阳而立卦，发挥于刚柔而生爻，和顺于道德而理于义，穷理尽性以至于命。

《说卦》言卦象中的自然之理、道德之义。《易》见于象而成于数，付诸卦爻而寓以德行。其所以能洞察自然变化规律，在于采天地大衍之数而形成蓍占，按照天地两分之法则而形成筮法，以此寄托阴阳之理形成卦，借助刚柔相推之理而形成爻。于卦爻之中寄托易道、易德、易理、易义，形成效法自然而付诸人事的演算系统，以穷究万物之理，探寻自然规律。

昔者圣人之作《易》也，将以顺性命之理。是以立天之道曰阴与阳，立地之道曰柔与刚，立人之道曰仁与义。兼三才而两之，故《易》六画而成卦。分阴分阳，迭用柔刚，故《易》六位而成章。

此言六爻的形成逻辑。其所以能够概括天地万物人事之理，在于将天之阴阳、地之刚柔、人之仁义寄寓于六爻之中，两两为用，形成三才之道，分布于六爻之中。按照自然规律推演人事之吉凶，以为安身立命之引导。

天地定位，山泽通气，雷风相薄，水火不相射，八卦相错。数往者顺，知来者逆，是故《易》逆数也。雷以动之，风以散之，雨以润之，日以烜之，艮以止之，兑以说之，乾以君之，坤以藏之。

先天卦　　**后天卦**

此言先天八卦的图式。天地定位，故乾坤并立；山泽通气，故艮兑对立；雷风应和，故震巽呼应；水火不厌，故相克相通。八卦交错于宇宙之中，数往则顺，数来则逆，顺逆之间，可察往知来。雷之性在动，风之性在散，雨之性在润，日

之性在烜，艮之性在阳，兑之性在悦，乾为君而总之，坤为臣而藏之。

帝出乎震，齐乎巽，相见乎离，致役乎坤，说言乎兑，战乎乾，劳乎坎，成言乎艮。万物出乎震，震东方也。齐乎巽，巽东南也；齐也者，言万物之絜齐也。离也者，明也，万物皆相见，南方之卦也，圣人南面而听天下，向明而治，盖取诸此也。坤也者，地也，万物皆致养焉，故曰致役乎坤。兑，正秋也，万物之所说也，故曰说言乎兑。战乎乾，乾西北之卦也，言阴阳相薄也。坎者，水也，正北方之卦也，劳卦也，万物之所归也，故曰劳乎坎。艮，东北之卦也，万物之所成终而成始也，故曰成言乎艮。

此言后天八卦与时空相配的学理阐释。所言之帝，为阴阳二气之主宰者。其行震位于东，于时为春分，万物滋生；行巽于东南，于时为立夏，万物长养；行离于南，于时为夏至，万物繁荣；行坤于西南，于时为立秋，万物成形；行兑于西，于时为秋分，万物成熟。行乾于西北，于时为立冬，万物收藏。行坎于北，于时为冬至，万物闭藏。阴阳二气交接冬至时，天下惜劳。至于立春，万物孕成，开始新一轮生长收藏。

神也者，妙万物而为言者也。动万物者莫疾乎雷，桡万物者莫疾乎风，燥万物者莫熯乎火，说万物者莫说乎泽，润万物者莫润乎水，终万物始万物者莫盛乎艮。故水火相逮，雷风不相悖，山泽通气，然后能变化，既成万物也。

此言先天八卦之象及其特征。万物运行规律的神妙，在于天地造化之功。震雷吹动万物，巽风吹拂万物，离火燥热万物，兑泽涵养万物，坎水滋润万物，艮山为万物转化之枢纽。八卦各取其象义，以使万物生长收藏。虽然水火不相及却能并存，雷风不相悖而能相容，山泽属性不同却能通气相用，万物在如此相并、相悖、相合、相应中得以运行。

乾，健也。坤，顺也。震，动也。巽，入也。坎，陷也。离，丽也。艮，止也。兑，说也。

乾为马，坤为牛，震为龙，巽为鸡，坎为豕，离为雉，艮为狗，兑为羊。

乾为首，坤为腹，震为足，巽为股，坎为耳，离为目，艮为手，兑为口。

此言八卦旁通之义。取义喻德，远取诸物，近取诸身。读《周易》要能以卦象推衍万物。如乾义为刚健，其象如马，于身为首；坤义为柔顺，其象如牛，于身为腹；震义为运动，其象如龙，于身为足；巽义为进入，其象为鸡，于身为股；坎义为困陷，其象为豕，于身为耳；离义为附丽，其象为雉，于身为目；艮义为行止，其象如狗，于身为手；兑义为喜悦，其象为羊，于身为口。其举例如此，用《易》时需举一反三，触类旁通。

乾，天也，故称乎父。坤，地也，故称乎母。震一索而得男，故谓之长男。巽一索而得女，故谓之长女。坎再索而得男，故谓之中男。离再索而得女，故谓之中女。艮三索而得男，故谓之少男。兑三索而得女，故谓之少女。

此言八卦与家庭成员的象义。乾阳为父，坤阴为母，父母合和而生男女，乾坤生六子。震第一爻为阳爻，一索而为长男。巽第一爻为阴爻，一索而为长女。坎第二爻为阳爻，再索而为中男。离第二爻为阴爻，再索而为中女。艮第三爻为阳爻，三索而为少男。兑第三爻为阴爻，三索而为少女。

乾为天，为圜，为君，为父，为玉，为金，为寒，为冰，为大赤，为良马，为老马，为瘠马，为驳马，为木果。

此后言八卦旁通之象，所列举者为周秦农业时代之物象，未能尽举，今用之应取其属性、功能而拓展，不必拘拘于是。是言乾象，取其刚健之义而推演于天地万物，天行而圜，行健为君，如玉如金之刚。乾时立冬，为寒为冰；乾阳充足而色赤，良马、老马、瘠、驳马皆为马之刚健，如木果繁盛。

坤为地，为母，为布，为釜，为吝啬，为均，为子母牛，为大舆，为文，为众，为柄，其于地也为黑。

是言坤象。取其柔顺之义而推演于天地万物，地顺而静，如母如臣，如钱币流通天下，如釜承载食物。其性为守藏，其义为平均。如牝牛，如大车，如文饰。其能和众，为万物之根本，如地之阴黑。

震为雷，为龙，为玄黄，为旉，为大途，为长子，为决躁，为苍筤竹，为萑苇。其于马也，为善鸣，为异足，为作足，为的颡。其于稼也为反生。其究为健，为蕃鲜。

是言震象。取其阴阳相薄而动以象万物。其方位在东，应于青龙，色为玄黄；应于春季，百花齐放而为旉。春阳充足，如气行于坦途，震为雷而迅疾，故决躁，其势如苍筤之竹，如春之萑苇。其为长子，如乾马之鸣，声震百里，后左足为白色；双举其蹄而奔驰，其额有白毛长出，如长子应乎乾父。庄稼果实在下，茎叶地上，是为震象。震为雷动之极，蕃生万物。

巽为木，为风，为长女，为绳直，为工，为白，为长，为高，为进退，为不果，为臭。其于人也，为寡发，为广颡，为多白眼，为近利市三倍，其究为躁卦。

是言巽象。其二阳动于上，以象枝叶，一阴静于下，以象树之本末，应于立夏，为风象。巽木为器，引绳为准，故象工。风吹去尘而为白，风行万里为长，风至云霄为高，风能起伏而进退，变化无常而不定，风拂万物而为臭。于人体为象，则象少发、象宽额，象眼白之多，象近利市多倍。巽风急躁，动而不止，是为躁卦。

坎为水，为沟渎，为隐伏，为矫輮，为弓轮。其于人也，为加忧，为心病，为耳痛，为血卦，为赤。其于马也，为美脊，为亟心，为下首，为薄蹄，为曳。其于舆也，为多眚，为通，为月，为盗。其于木也，为坚多心。

是言坎象。如水内刚而外柔，故象沟渎，能隐伏；象矫木弯曲，而为弓、为轮。象人在险难，增加忧虑，忧成心病。坎水为肾，肾开窍于耳，故象耳病，象血而为赤。其于马，则象美脊，象敏捷，象马低头，象马蹄，象其水行地。其于车，则象遇沟渎坑陷，象曲折前行，如月阴晴不定，如盗潜伏而行。象木则坚而多心，取刚在内也。

离为火，为日，为电，为中女，为甲胄，为戈兵。其于人也，为大腹。为乾卦，为鳖，为蟹，为蠃，为蚌，为龟。其于木也，为科上槁。

是言离象为火。其如日光照，如电闪烁，如甲胄之外刚，如兵戈之护卫。于人体，象腹内柔而外实。其性如乾阳，为火能燥物，象鳖、蟹、蠃、蚌、龟等外硬内软之物。象木则为中空之木，虚而焦燥者。

艮为山，为径路，为小石，为门阙，为果蓏，为阍寺，为指，为狗，为鼠，为黔喙之属。其于木也，为坚多节。

是言艮象，取阴在下为止，阳在上为高。艮象径路，能行则行，当止而止，性硬而刚，象如小石之坚，象为门阙之高。象为草木之果实能生能成，为守门者能开能合，如手指能屈能伸，如狗、鼠等穴居动物，能进能出，如鸟兽之喙能坚。象坚而多节之木，如松柏。

兑为泽，为少女，为巫，为口舌，为毁折，为附决。其于地也，为刚卤。为妾，为羊。

是言兑象，其阴上而湿下，坎水半现而为泽。象少女，象女巫，其上阴象口，中阳象舌，主为口舌。兑应秋分，秋物成熟，槁秆之属则毁折，果蓏之属则蒂落。其象地泽之咸土，象妾之卑下，如羊之柔善。

序　卦

有天地然后万物生焉。盈天地之间者唯万物，故受之以《屯》。屯者，盈也。屯者，物之始生也。物生必蒙，故受之以《蒙》。蒙者，蒙也，物之稚也。物稚不可不养也，故受之以《需》。需者，饮食之道也。饮食必有讼，故受之以《讼》。讼必有众起，故受之以《师》。师者，众也。众必有所比，故受之以《比》。比者，比也。比必有所畜，故受之以《小畜》。物畜然后有礼，故受之以《履》。履而泰，然后安，故受之以《泰》。泰者，通也。物不可以终通，故受之以《否》。物不可以终否，故受之以《同人》。与人同者，物必归焉，故受之以

《大有》。有大者，不可以盈，故受之以《谦》。有大而能谦必豫，故受之以《豫》。豫必有随，故受之以《随》。以喜随人者必有事，故受之以《蛊》。蛊者，事也。有事而后可大，故受之以《临》。临者，大也。物大然后可观，故受之以《观》。可观而后有所合，故受之以《噬嗑》。嗑者，合也。物不可以苟合而已，故受之以《贲》。贲者，饰也。致饰然后亨则尽矣，故受之以《剥》。剥者，剥也。物不可以终尽，剥穷上反下，故受之以《复》。复则不妄矣，故受之以《无妄》。有无妄，物然后可畜，故受之以《大畜》。物畜然后可养，故受之以《颐》。颐者，养也。不养则不可动，故受之以《大过》。物不可以终过，故受之以《坎》。坎者，陷也。陷必有所丽，故受之以《离》。离者，丽也。

《序卦》推演六十卦的卦序形成原理。六十四卦编排顺序，依上下卷而次序之，先言上经卦次，后言下经卦次，其或相因相成，或相反相成。相因者，其未至于极而变，相反者，极而变。

上经卦序，应乎天地秩序。《屯》言物之始生，《蒙》言物之幼小；幼小者必有饮食，《需》便言饮食之道。有饮食便有争抢，《讼》则言人多则必争。争夺就需要用众，《师》即言起众兴师。动众则有比，《比》便言如何相亲相用。用众需有累积，是为《小畜》。用众便要建构秩序，为礼而用《履》。礼成便能《泰》和，万物便不至于如《否》闭塞不通。《同人》言人若同心同德，则物也能归于己，是为《大有》。富贵不骄而能

《谦》，这样于人于己皆能《豫》逸。喜乐而出，便有人《随》从。随从者众，则有事可为，是为《蛊》。有事可为则能建功立业，是为《临》。于事物有可《观》，然后能合，这便要以《噬嗑》节之。文饰恰到好处，是为《贲》。贲之极，就会有文饰《剥》落。剥落后便要恢《复》，如此反复，容易《无妄》。人知无妄，有《大畜》，又能《颐》养其身，以避免《大过》。大过如《坎》险之难，必须依附，方可得援，终于《离》。上经的卦序，是天地秩序在人世间的投射，知其相因者，得其因果；知其相反者，得以变动。

有天地然后有万物，有万物然后有男女，有男女然后有夫妇，有夫妇然后有父子，有父子然后有君臣，有君臣然后有上下，有上下然后礼义有所错。夫妇之道不可以不久也，故受之以《恒》。恒者，久也。物不可以久居其所，故受之以《遁》。遁者，退也。物不可以终遁，故受之以《大壮》。物不可以终壮，故受之以《晋》。晋者，进也。进必有所伤，故受之以《明夷》。夷者，伤也。伤于外者必反于家，故受之以《家人》。家道穷必乖，故受之以《睽》。睽者，乖也。乖必有难，故受之以《蹇》。蹇者，难也。物不可以终难，故受之以《解》。解者，缓也。缓必有所失，故受之以《损》。损而不已必益，故受之以《益》。益而不已必决，故受之以《夬》。夬者，决也。决必有遇，故受之以《姤》。姤者，遇也。物相遇而后聚，故受之以《萃》。萃者，聚也。聚而上者谓之升，故受之以《升》。升而不已必困，故受之以《困》。困乎上者必反下，故受之以《井》。井道不可不革，故受之以《革》。革物者莫若鼎，故受之以《鼎》。主器者莫若长子，故受之以《震》。震者，动也。物不可以终动，止之，故受之以《艮》。艮者，止也。物不可以终止，故受之以《渐》。渐者，进也。进必有所归，故受之以《归妹》。得其所归者必大，故受之以《丰》。丰者，大也。穷大者必失其居，故受之以《旅》。旅而无所容，故受之以《巽》。巽者，入也。入而后说之，故受之以《兑》。兑者，说也。说而后散之，故受之以《涣》。涣者，离也。物不可以终离，故受之以《节》。节而信之，故受之以《中孚》。有其信者必行之，故受之以《小过》。有过物者必济，故受之以《既济》。物不可穷也，故受之以《未济》，终焉。

是言下经卦序，依人伦秩序言祸福变动之理。夫妇、父子、君臣秩序定，则伦理成，此为恒常之理，是为《恒》。恒常为体，调整为用，是为《遁》。遁而求成，便是《大壮》。壮而能进，是为《晋》。进不可无止，便损伤为《明夷》。明夷之伤而道穷则伤其《家人》，必有《睽》异之事。睽异离散则危难，如行山中，是为《蹇》。苦尽甘来，绝处逢生，则得《解》之缓和。欲缓必有失，是为《损》。损极则益生，是为《益》。损益之中，莫贵乎《夬》。决需待机而遇，是为不期而遇之《姤》，万事俱备之《萃》。萃而能《升》，升极则《困》，困而难解为《井》。穷则思变，不可不《革》，变化以求稳定如《鼎》，故以天道之阳刚《震》之、继之、成之，知其行止而渐进，有所归，有所得，有《艮》《渐》《归妹》，得之大为《丰》，丰大者则移居，移居必失旧居，故不得不寄身于《旅》。旅居于外有《巽》，需用《兑》之悦，与人友好。悦极必散，为《涣》，故需《节》而信之，以求同声相应同气相求，成《中孚》之宜。守信而俭或有《小过》，若能得以指点，则事必有成，是为《既济》。天下之道岂能穷尽，故成就之后，则从头再来，是为《未济》。

六十四卦卦序，有义理之解和术数之解。孔门易以生产生活经验、道德修为之说解，成此义理之解。《易》之文本，为上古占卜资料汇编，其以乾坤为门户，言天地运行规律，其余六十二卦的次序，或依据事物变化而为之，或依据周人分类而列之。《连山》《归藏》《周易》的不同，一在于卦序，二在于卦辞、爻辞不同。今演易成卦、择卦明理，不必强为之解。术数家则多以阴阳变化解，依阴阳消息规律来重新排列卦序，使之合于自然之道，其逻辑顺序清晰，后世多用于天文地理、物候观测、数理演算等。

杂　卦

《乾》刚《坤》柔，《比》乐《师》忧；《临》《观》之义，或与或求。《屯》见而不失其居。《蒙》杂而著。《震》，起也。《艮》，止也。《损》《益》盛衰之始也。《大畜》，时也。《无妄》，灾也。《萃》聚而《升》不来也。《谦》轻而《豫》怠也。《噬嗑》，食也。《贲》，无色也。《兑》见而《巽》伏也。《随》无故也。《蛊》则饬也。《剥》，烂也。《复》，反也。《晋》，昼也。《明夷》，诛也。《井》通而《困》相遇也。《咸》，速也。《恒》，久也。《涣》，离也。《节》，止也。《解》，缓也。《蹇》，难也。《睽》，外也。《家人》，内也。《否》《泰》反其类也。《大壮》则止，《遁》则退也。《大有》，众也。《同人》，亲也。《革》，去故也。《鼎》，取新也。《小过》，过也。《中孚》，信也。《丰》，多故也。亲寡《旅》也。《离》上而《坎》下也。《小畜》，寡也。《履》，不处也。《需》，不进也。《讼》，不亲也。《大过》，颠也。《姤》，遇也，柔遇刚也。《渐》，女归待男行也。《颐》，养正也。《既济》，定也。《归妹》，女之终也。《未济》，男之穷也。《夬》，决也，刚决柔也。君子道长，小人道忧也。

《杂卦》言卦义，为孔门易错杂卦义而辨其次第，杂糅众卦，错综其义。或以同相类，或以异相明，采用相对、相应之法释卦义。其《乾》《坤》《比》言君臣相得，《师》言兴师动众，亲比则乐，动众则忧。《临》言临民则施政，《观》言知其所求。《屯》义见而不失其所，《蒙》义言交错而显明。《震》义为开始，《艮》义为终止。极损则益，极益则损。《损》为盛之始，《益》为衰之始，盛衰之道，于此可见。《大畜》卦义为积蓄，因时而畜，故能大也。《无妄》言灾在虚妄。《萃》义聚集，《升》义上升，《谦》义卑下自牧，《豫》义欢豫怠慢。《噬嗑》义取于食，《贲》义应于文饰。《兑》义见乎喜悦，《巽》义隐伏其中。《随》义不拘于成见。《蛊》义则能治事。《剥》义腐烂，《复》义返归，《晋》义言昼，《明夷》义言诛。《井》义陷而能通，《困》则逆境待机。《咸》义感应，《恒》义持久，《涣》义离散，《节》义知止，《解》义能缓，《蹇》知行难，《睽》明乖违在外，《家人》知守和于内。《否》《泰》相反相成。《大壮》言强大，《遁》言隐退。《大有》言共享，《同人》言相恤。《革》言革故，《鼎》言鼎新，《小过》言人之有过，《中孚》言诚信足以成事。《丰》言多故，《旅》言亲寡。《离》为火而上，《坎》为水而下。《履》非静居不动，《需》则待时而动。《讼》争之不亲，《大过》颠而覆亡。《姤》为柔遇刚以时，《渐》为女待男亲迎。《颐》为自养正，《既济》为事既成。《归妹》言女之出嫁，《未济》言男之困穷。君子道长，小人道消，在于能《夬》。

《杂卦》所言卦义为周秦学者之说，其言简意赅，点到即止，并无详说。其为时儒对其德义的理解，可供参考。若学有余力，可结合易家阐释，察其深义，明其义理，知其德义。故君子读《易》，唯在知时，要在知变，重在旁通，用于修养。方可知学《易》之关键，在于观易察几；用《易》之便捷，起于得意忘言，明于得意忘象，成于束书知理。

参考文献

《周易正义》，影印阮刻注疏本，中华书局1980年版

〔西汉〕孟喜撰，〔清〕王谟辑：《周易章句》，《汉魏遗书钞》本，西南师范大学出版社2011年版

〔西汉〕京房撰，〔清〕王保训辑：《京氏易》，《木犀轩丛书》本，广陵书社2018年版

〔西汉〕扬雄撰，〔北宋〕司马光集注：《太玄集注》，中华书局1998年版

〔东汉〕许慎撰，〔北宋〕徐铉校定：《说文解字》，中华书局2013年版

〔东汉〕马融撰，〔清〕黄奭辑：《马融易传》，《汉学堂丛书》本

〔东汉〕魏伯阳撰，〔清〕仇兆鳌集注：《古本周易参同契集注》，上海古籍出版社 1989 年版

〔唐〕徐昂撰：《周易虞氏学》，南通翰墨林书局 1947 年版

〔唐〕李鼎祚著：《周易集解》，巴蜀书社 1991 年版

〔唐〕李淳风撰：《乙巳占》，中华书局 1985 年版

〔北宋〕李昉等撰：《太平御览》，中华书局 1960 年版

〔北宋〕邵雍著：《邵雍集》，中华书局 2010 年版

〔北宋〕邵雍著：《梅花易数》，海南出版社 2011 年版

〔北宋〕司马光撰：《温公易说》，《景印文渊阁四库全书》本

〔北宋〕程颐撰：《周易程氏传》，《景印文渊阁四库全书》本

〔北宋〕程颢、程颐著：《二程集》，中华书局 1981 年版

〔北宋〕张载撰：《横渠易说》，通志堂经解本

〔北宋〕张载著：《张载集》，中华书局 1978 年版

〔北宋〕苏轼撰：《东坡易传》，上海古籍出版社 1989 年版

〔南宋〕朱震撰：《汉上易传卦图》，《景印文渊阁四库全书》本

〔南宋〕卫湜撰：《礼记集说》，《景印文渊阁四库全书》本

〔南宋〕朱熹撰：《易学启蒙》，《景印文渊阁四库全书》本

〔南宋〕朱熹撰，廖名春点校：《周易本义》，北京大学出

版社 2009 年版

〔南宋〕杨万里撰：《诚斋易传》，《景印文渊阁四库全书》本

〔南宋〕易祓撰：《周易总义》，《景印文渊阁四库全书》本

〔南宋〕俞琰撰：《周易集说·读易举要》，上海古籍出版社 1990 年版

〔元〕吴澄撰：《易纂言》，上海古籍出版社 1990 年版

〔明〕来知德撰：《周易集注》，九州出版社 2012 年版

〔明〕黄道周撰：《易象正》，中华书局 2011 年版

〔明〕黄宗羲著：《黄宗羲全集》，浙江古籍出版社 1985 年版

〔明〕黄宗羲撰：《易学象数论》，中华书局 2010 年版

〔明〕王夫之撰：《周易内传》，九州出版社 2004 年版

〔清〕李道平撰，潘雨庭点校：《周易集解纂疏》，中华书局 1994 年版

〔清〕胡渭著：《易图明辨》，巴蜀书社 1991 年版

〔清〕李光地撰：《周易观象》，《景印文渊阁四库全书》本

〔清〕李光地撰：《周易通论》，《景印文渊阁四库全书》本

〔清〕李光地纂：《周易折中》，巴蜀书社 2008 年版

〔清〕马国翰辑：《玉函山房辑佚书》，上海古籍出版社 1990 年版

〔清〕王仁俊辑：《玉函山房辑佚书续编》，上海古籍出版社 1996 年版

〔清〕焦循撰：《周易补疏》，上海古籍出版社 1996 年版

〔清〕焦循撰：《易学三书》，九州出版社 2003 年版

〔清〕皮锡瑞著，周予同注：《经学历史》，中华书局 2004 年版

蔡尚思：《周易思想要论》，湖南教育出版社 1991 年版

蔡尚思主编：《十家论易》，岳麓书社 1993 年版

陈鼓应：《易传与道家思想》，生活·读书·新知三联书店 1996 年版

陈良运：《周易与中国文学》，百花洲文艺出版社 1999 年版

程石泉：《易辞新诠》，上海古籍出版社 2000 年版

邓立光：《周易象数义理发微》，上海辞书出版社 2008 年版

邓球柏：《帛书周易校释》，湖南人民出版社 1987 年版

丁四新：《楚竹简与汉帛书〈周易〉校注》，上海古籍出版社 2011 年版

高亨：《周易杂论》，山东人民出版社 1962 年版

高亨：《周易大传今注》，齐鲁书社 1979 年版

高亨：《周易古经今注》，中华书局 1984 年版

高怀民：《先秦易学史》，广西师范大学出版社 2007 年版

高怀民：《两汉易学史》，广西师范大学出版社 2007 年版

高怀民：《宋元明易学史》，广西师范大学出版社 2007 年版

韩仲民：《帛易说略》，北京师范大学出版社 1992 年版

韩自强：《阜阳汉简〈周易〉研究》，上海古籍出版社 2004 年版

杭辛斋：《杭氏易学七种》，九州出版社 2005 年版

胡朴安：《周易古史观》，上海古籍出版社 1986 年版

黄寿祺、张善文编：《周易研究论文集》，北京师范大学出版社 1987—1991 年版

黄寿祺：《易学群书平议》，北京师范大学 1988 年版

黄寿祺、张善文：《周易译注》，上海古籍出版社 2004 年版

黄玉顺：《易经古歌考释》，巴蜀书社 1995 年版

金景芳、吕绍纲：《周易全解》，吉林大学出版社 1989 年版

黎翔凤：《周易新释》，辽宁大学出版社 1994 年版

李镜池：《周易探源》，中华书局 1978 年版

李学勤：《周易经传溯源》，长春出版社 1992 年版

廖名春等：《周易研究史》，湖南出版社 1991 年版

廖名春：《〈周易〉经传与易学史新论》，齐鲁书社 2001 年版

刘大钧：《周易概论》，齐鲁书社 1988 年版

刘大钧：《纳甲筮法》，齐鲁书社 1995 年版

刘大钧主编：《象数易学研究》，齐鲁书社 1996—1997 年版

刘大钧、林忠军：《易传全译》，巴蜀书社2001年版

刘大钧编：《大易集说》，巴蜀书社2003年版

刘大钧：《象数精解》，巴蜀书社2004年版

刘大钧主编：《大易集释》，上海古籍出版社2007年版

刘大钧主编：《出土易学文献》，上海科学技术出版社2010年版

刘玉建：《两汉象数易学研究》，广西教育出版社1996年版

潘雨廷：《易学史论丛》，上海古籍出版社2007年版

尚秉和：《周易尚氏学》，中华书局1980年版

尚秉和著，刘光本解：《周易古筮考通解》，山西古籍出版社1994年版

尚秉和：《焦氏易林注》，中国大百科全书出版社2005年版

闻一多：《周易与庄子研究》，巴蜀书社2003年版

邢文：《帛书周易研究》，人民出版社1997年版

杨世文等编：《易学集成》，四川大学出版社1998年版

杨树达：《周易古义》，上海古籍出版社1991年版

杨天才：《周易通解》，线装书局2009年版

杨天才：《周易》，中华书局2011年版

张立文：《帛书周易注释》，中州古籍出版社1992年版

张朋：《春秋易学研究》，上海人民出版社2012年版

张善文：《历代易家与易学要籍》，福建人民出版社1998

年版

张善文：《周易入门》，华东师范大学出版社 2004 年版

张善文：《洁静精微之玄思：周易学说启示录》，上海三联书店 2003 年版

张晓雨：《周易筮法通解》，山东人民出版社 1994 年版

张正烺：《马王堆帛书〈周易〉经传校读》，中华书局 2008 年版

周振甫：《周易译注》，中华书局 1991 年版

朱伯崑：《易学哲学史》，北京大学出版社 1986 年版

朱伯崑主编：《国际易学研究》，华夏出版社 1998—2000 年版

朱谦之：《周易哲学》，上海启智书局 1934 年版

后　记

余之学易，年过弱冠。时在兰州，常与天才见谈易，遂研读之，受益甚多。曾于福州拜见张善文先生，蒙赐易学著述数种，依次拜读，渐入佳境。甲申后余居关外，耳闻目睹，渐知文王羑里演易，出于忧患之深；遂明孔门颠沛论学，守于仁义之正。癸巳至长安，与同乡刘银昌先生相识，所论甚多。后渐远尘嚣，隐逸终南，以易观事，方见其精微；以德砥砺，终明其絜静。

闲暇多方，洗心玩易，曾集讲学之稿，向学生讲解，与读者共学。自甲申至丁酉，读易撮集感想如此，体物察变，与心徘徊。《周易入门》出版以来，三年销售数万册，有诸多同道、读者问六十四卦解读稿，期望与之配套来读。遂将此前读易笔记整理起来，于丁酉年除夕成《周易正解》，以释读者之惑，以求教于方家。

辛丑立夏，陕西人民出版社关宁、韩琳编辑言及此稿，多有美意，遂修订后付梓出版，与读者共享。

曹胜高

辛丑年仲夏日